ENCADREMENTS
en carton

Claude Jeantet

Le Temps Apprivoisé
18, rue de Condé
75006 Paris

Remerciements
Magasins Loisirs et Création (Lille)

Conception graphique : Anne Fleming

Dépôt légal : 4e trimestre 1995
ISBN: 2-283-58221-0
Imprimé en Italie par Canale, Turin

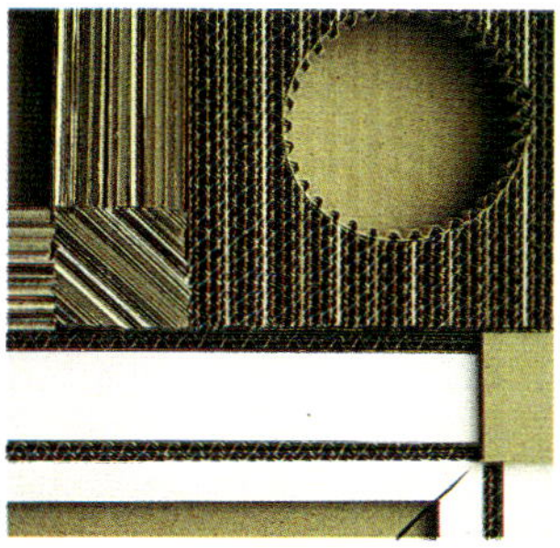

AVANT-PROPOS

Le carton est un matériau aux qualités insoupçonnées. Hormis les avantages connus, tels que la légèreté et le coût raisonnable, il permet, grâce à la créativité artistique, de grandes variétés et richesses plastiques.

Les encadrements présentés dans ce livre en sont l'illustration. Ils sont fabriqués à partir de deux sortes de carton au minimum, quatre au maximum, se présentant elles-mêmes sous plusieurs formes (faces lisses, tranches perpendiculaires ou parallèles aux cannelures).

Au total, les quatre catégories de carton proposent une dizaine de matières différentes. Au fil de l'ouvrage, ces matières seront accolées, enroulées, entortillées, superposées... offrant nombre de contrastes de teintes, de matières, de formes, de reliefs.

Sommaire

Conseils pratiques

Le carton se coupe avec un petit ou un gros cutter dont il faut changer fréquemment la lame.

Le cutter se tient perpendiculairement au carton et, pour obtenir une découpe parfaite, il est préférable de renouveler le coup de cutter.

Pour le montage, on utilise une colle Néoprène, à séchage lent ; il faut donc maintenir patiemment l'assemblage le temps de ce séchage.

Les quatre sortes de carton utilisées pour la réalisation des modèles sont les suivantes :

- Le carton blanc (0,6 cm d'épaisseur). C'est un carton ondulé rigide avec double cannelure et une face blanche. Dans les explications données dans cet ouvrage, il sera désigné par son épaisseur, c'est-à-dire : (0,6).
- Le carton brun (0,4 cm d'épaisseur). C'est un carton ondulé rigide avec simple cannelure et les deux faces kraft. Dans les explications, il sera désigné par son épaisseur : (0,4).
- Le carton ondulé ordinaire, qui est un carton ondulé souple, avec une face lisse et l'autre cannelée. Il sera désigné par sa nature : (c. o.).
- Le micro carton ondulé est un carton ondulé souple avec une face lisse et l'autre cannelée. Il sera désigné par sa nature : (micro c. o.).

Les différents cartons peuvent être récupérés, ou achetés chez un cartonnier ou en grandes surfaces au rayon bricolage, ainsi que dans les magasins spécialisés.

L'explication de chaque modèle comprend les rubriques suivantes :

La liste du matériel à se procurer

- Les qualité et quantité de carton nécessaire.
- Les outils spécifiques à la fabrication du modèle.

1

2

3

5

4

6

• Le matériel de base, c'est-à-dire :

cutters : un petit et un gros
des lames de rechange
un crayon taillé
une gomme
un double décimètre
une équerre à 45°
un tube de colle Néoprène

Le découpage

• La liste des pièces à découper.

• Les schémas cotés des pièces (pour les formes particulières).

• Le plan coté du cadre avec repérage des pièces. (Il est préférable de nommer les pièces découpées).

Toutes les mesures sont données en centimètres.

Le montage

• Les différentes étapes de montage expliquées et illustrées par des photographies pas à pas.

Dans le cas du cadre pour photographie, on place la photo sur une feuille du format de la vitre, puis on la glisse dans le cadre **(photo 1)**. On glisse ensuite la vitre devant la photo **(photo 2)**.

Définitions des formules employées dans le texte

• (0,6), (0,4), (c.o.), (micro c.o.) : définitions du carton employé, voir page 6.

• Biseauté : angle coupé avec le cutter, à 45° **(photo 3)**.

• Coupé à 45° : angle coupé avec le cutter **(photo 4)**.

• Pose de l'accroche : soit à coller, soit à accrocher en traversant le carton **(photos 5 et 6)**.

• Largeur : l
• Longueur : L
• Parallèle : //
• Perpendiculaire : ⊥
• Diamètre : ∅

En raison des possibles variations de mesures pendant le montage, il peut être nécessaire de modifier légèrement les dimensions de certaines pièces.

PETIT CADRE SUR TRAME

schéma 1

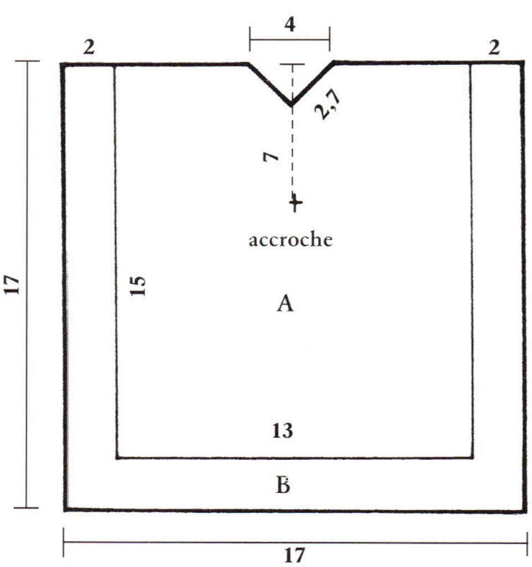

LE MATÉRIEL NÉCESSAIRE

carton brun (0,4) : 35 x 35 cm
carton blanc (0,6) : 11 x 11 cm
1 accroche pour cadre
1 vitre de 13 x 13 cm

le matériel de base

LE DÉCOUPAGE

Le fond

- 1 carré A (0,4) de 17 x 17 cm échancré d'un triangle.
- 1 carré B (0,4) de 17 x 17 cm évidé sur trois côtés d'un rectangle de 15 x 13 cm (**schéma 1**).

schéma 2

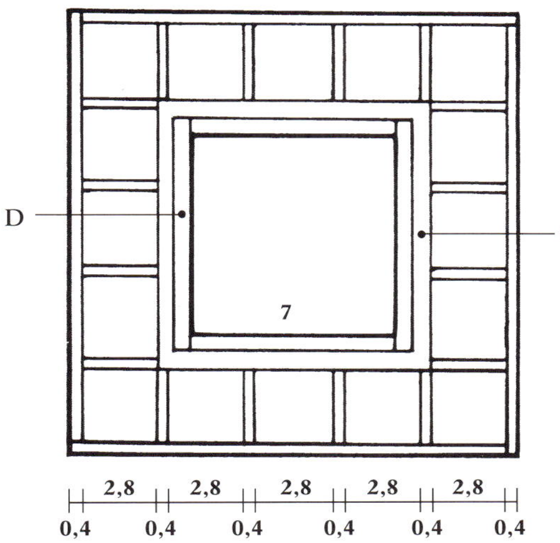

Le cadre

- 1 carré (0,4) de 17 x 17 cm, comportant le tracé du plan, et évidé au centre d'une fenêtre carrée de 7 x 7 cm.

La décoration (schéma 2)

- 1 carré C (0,6) de 10,2 x 10,2 cm, évidé d'un carré de 9 x 9 cm.
- 4 bandes D (0,6) de 8,3 x 0,6 cm.
- 16 petits carrés (0,4) de 2,8 x 2,8 cm.
- 16 mini bandes (0,4) de 12,8 x 0,4 cm.
- 4 grandes bandes (0,4) de 16,4 x 0,4 cm.

LE MONTAGE

- Placer l'accroche à l'arrière ou au travers du fond A.
- Coller le carré B sur le carré A puis l'ensemble avec le cadre.
- Coller le carré C autour de la fenêtre et les 4 bandes D (faces blanches vers la fenêtre) contre celui-ci **(photo 1)**.

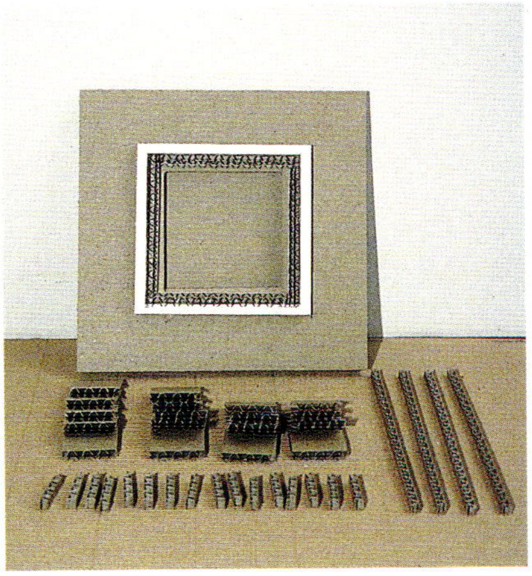

1

- Coller les petits carrés, en alternance avec les mini-bandes, tout autour du carré C **(photos 2 et 3)**.
- Coller les 4 grandes bandes sur le pourtour du cadre **(photo 4)**.
- Glisser la vitre entre le fond et le cadre.

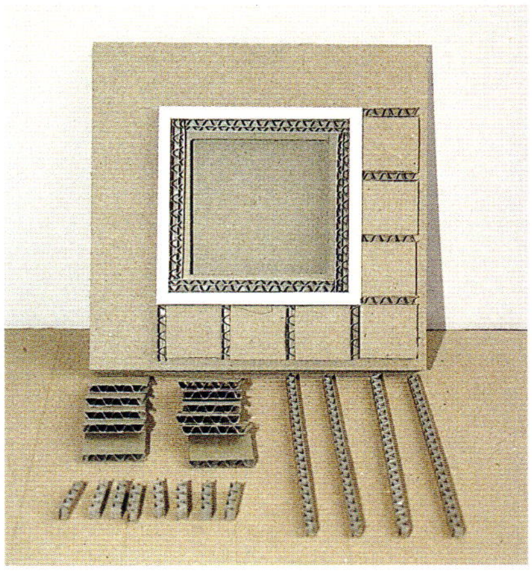

2

3

4

Miroir blanc

schéma 1

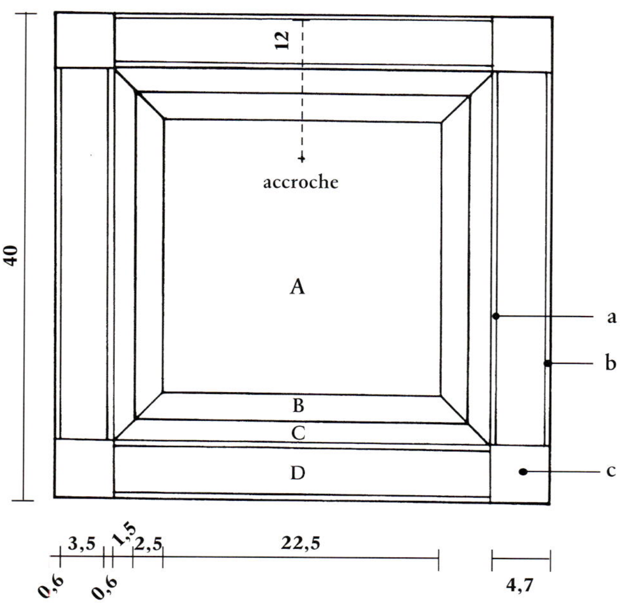

Le matériel à se procurer

carton brun (0,4) : 80 x 50 cm
carton blanc (0,6) : 40 x 40 cm
un miroir adhésif carré de 22,5 x 22,5 cm
une accroche pour cadre

le matériel de base

Le découpage

Le fond

- un carré A (0,4) de 40 x 40 cm.

Le cadre (schéma 1)

- 4 rectangles B (0,4) de 40 x 8,75 cm coupés à 45°.

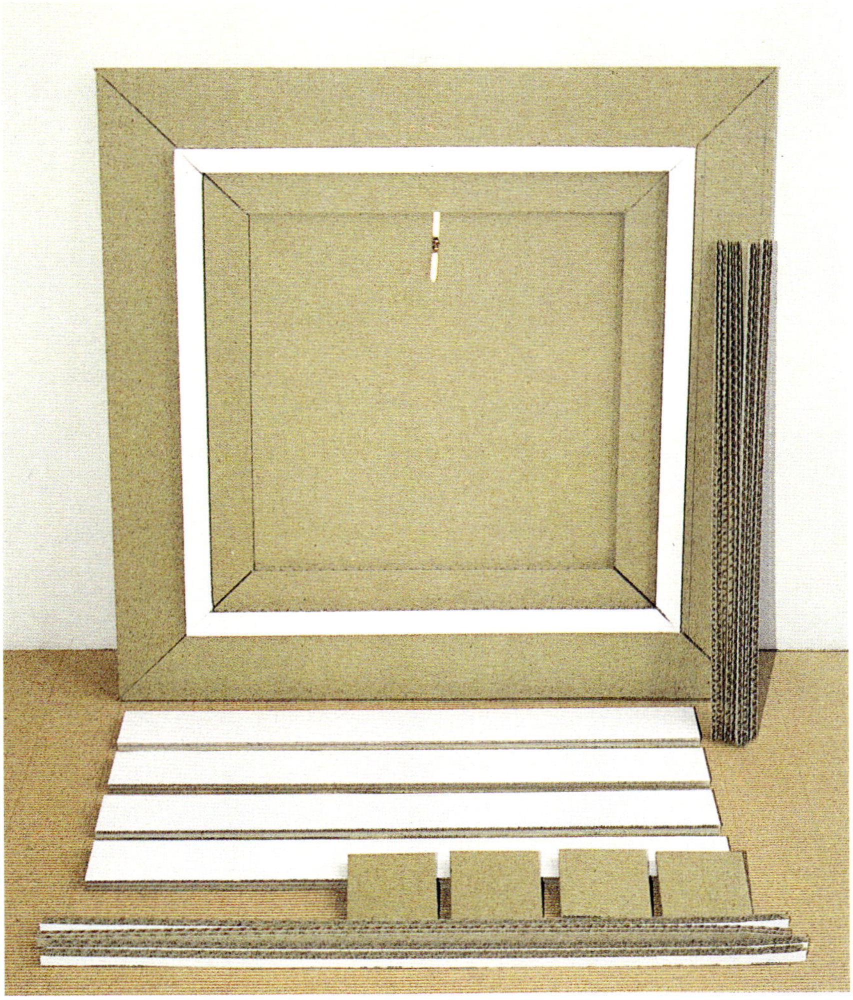

1

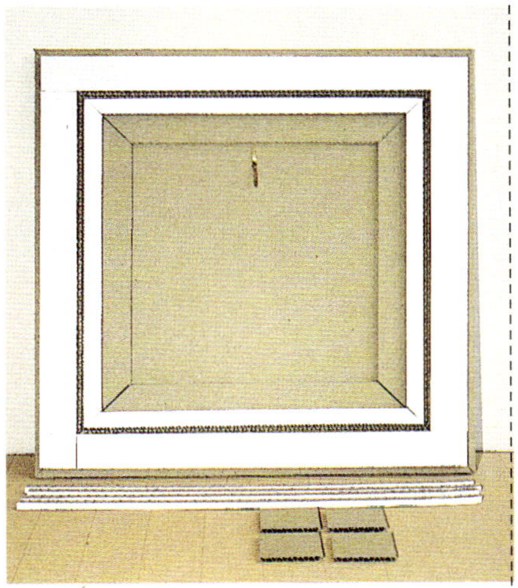

2

3

- 4 rectangles C (0,6) de 30,5 x 1,5 cm coupés à 45°.
- 4 rectangles D (0,6) de 35,2 x 3,5 cm.
- 4 bandes a (0,6) de 31,6 x 0,6 cm.
- 4 bandes b (0,6) de 39,6 x 0,6 cm.
- 4 carrés c (0,4) de 4,8 x 4,8 cm.

Le montage

- Placer l'accroche à l'arrière ou au travers du fond A.
- Coller les 4 rectangles B sur A. Quand les rectangles sont collés, dessiner dessus le plan du cadre.
- Coller les 4 rectangles C sur B **(photo 1)**.
- Coller les 4 bandes a sur la tranche, tout autour de C, puis coller les 4 rectangles D sur B **(photo 2)**.
- Coller les 4 bandes b sur la tranche tout autour de D.
- Coller les 4 carrés c aux 4 angles du cadre **(photo 3)**.
- Coller le miroir au centre du cadre.

Cadre à petits trous

1

Le découpage

Le fond (schéma 1)

- 1 rectangle A (0,4) de 27 x 33 cm échancré d'un triangle.
- 3 bandes :
  1 bande B (0,4) de 24,5 x 2,5 cm
  2 bandes B' (0,4) de 25,5 x 2 cm

Le cadre (schéma 2)

- 1 rectangle (0,6) de 24,5 x 29,5 cm, évidé au centre d'une fenêtre rectangulaire de 10,5 x 15,5 cm.

La décoration

- 2 bandes (0,4) de 19,5 x 2 cm (1 // aux cannelures et coupées aux angles à 45°).
- 2 bandes (0,4) de 14,5 x 2 cm (1 // aux cannelures et coupées aux angles à 45°).

Le matériel nécessaire

carton brun (0,4) : 35 x 40 cm
carton blanc (0,6) : 30 x 25 cm
1 accroche pour cadre
1 vitre de 26 x 20 cm
1 poinçon

le matériel de base

2

3

LE MONTAGE

- Placer l'accroche à l'arrière ou au travers du fond A.
- Coller les 3 bandes B et B' sur l'arrière du cadre.
- Retourner le cadre et le coller sur le fond A.
- Coller les bandes autour de la fenêtre du cadre **(photo 1)**.
- Dessiner des repères, tout autour du cadre, à 0,6 cm du bord de celui-ci, tous les 0,5 cm.
- A l'aide du poinçon, faire un trou sur chaque repère **(photos 2 et 3)**.
- Glisser la vitre entre le fond et le cadre.

schéma 1

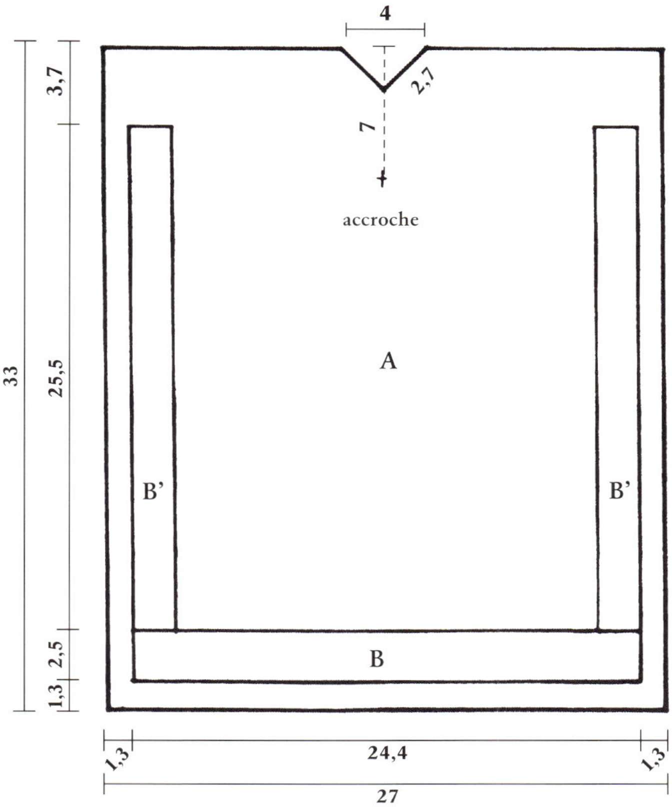

schéma 2

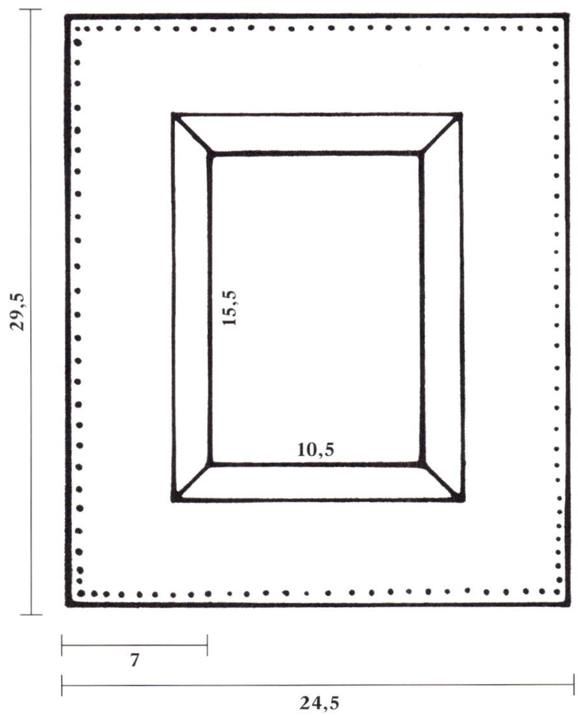

MIROIR EN MARCHES ET SON NÉGATIF

schéma

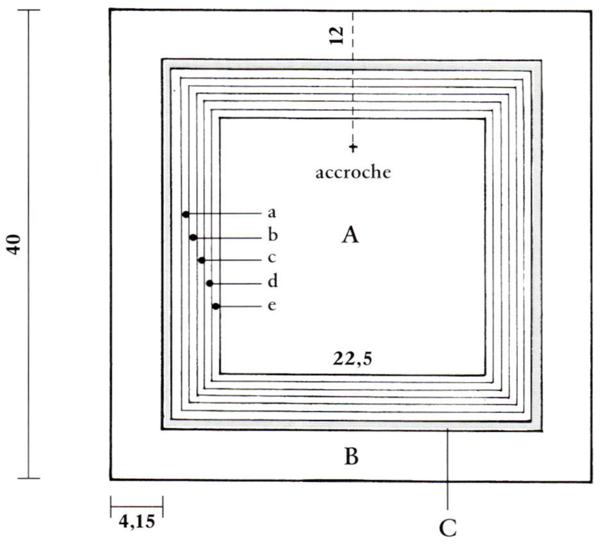

LE MATÉRIEL NÉCESSAIRE

carton brun (0,4) : 40 x 40 cm
carton blanc (0,6) : 80 x 80 cm
un miroir adhésif carré de 22,5 x 22,5 cm
une accroche pour cadre

le matériel de base

LE DÉCOUPAGE

(Schéma)

Le fond

- 1 carré A (0,4) de 40 x 40 cm.

Le cadre

- 1 carré B (0,6) de 40 x 40 cm, évidé au centre d'un carré de 28,5 x 28,5 cm.
- 5 carrés (a, b, c, d, e) (0,6) de 30 x 30 cm, évidés au centre de carrés de :

  a : 27,3 x 27,3 cm
  b : 26,1 x 26,1 cm
  c : 24,9 x 24,9 cm
  d : 23,7 x 23,7 cm
  e : 22,5 x 22,5 cm

(conserver les carrés).

- 1 carré C (0,6) de 31,7 x 31,7 cm, évidé d'un carré de 29,7 x 29,7 cm.
- 4 bandes (0,6) de 40 x 3,2 cm, biseautées aux angles à 45°.

1

3

4

2

Le montage

- Placer l'accroche à l'arrière ou au travers du fond A.
- Dessiner l'emplacement du miroir sur A.
- Coller, les uns sur les autres, les 5 carrés a, b, c, d, e.
- Coller le carré C sur le carré B **(photo 1)**.
- Coller le bloc (a, b, c, d, e) sur le fond A **(photo 2)**.
- Coller les 4 bandes sur les bords de A **(photo 3)**.
- Fermer le cadre en collant le carré B sur les bords de A **(photo 4)**.
- Coller le miroir au centre du cadre **(photo 5)**.

5

LE NÉGATIF

6

7

LE MATÉRIEL NÉCESSAIRE

5 carrés restant de l'évidage (a, b, c, d, e)
1 accroche pour cadre

le matériel de base

LE DÉCOUPAGE

• Evider les 2 plus petits carrés d'un carré de 12 x 12 cm en leur centre **(photo 6)**.

LE MONTAGE

• Placer l'accroche à l'arrière ou au travers du plus grand des carrés.

• Coller les 5 carrés, du plus grand au plus petit, en alternant la face blanche et la face brune **(photo 7)**.

• Coller une photo dans le carré central.

schéma

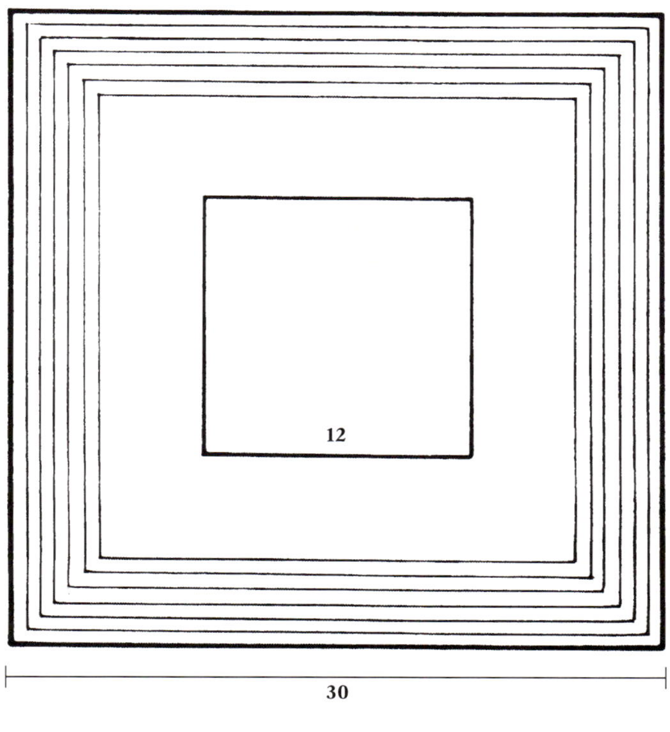

CADRE AZTÈQUE ET SON NÉGATIF

LE MATÉRIEL NÉCESSAIRE

carton brun (0,4) : 60 x 35 cm
carton blanc (0,6) : 23 x 2 cm
carton (c.o) : 33 x 27 cm
1 accroche pour cadre
1 vitre de 21 x 27 cm

le matériel de base

LE DÉCOUPAGE

Le fond

- 1 rectangle A (0,4) de 27 x 33 cm échancré d'un triangle.
- 3 bandes :
  1 bande B (0,4) de 3 x 27 cm
  2 bandes B' (0,4) de 1,2 x 30 cm

(schéma 1, page suivante).

Le cadre

- 1 rectangle (0,4) de 27 x 33 cm, évidé au centre d'une fenêtre rectangulaire de 10 x 15 cm comportant le tracé du plan **(schéma 2, page suivante).**

la décoration

- 1 rectangle a (c.o.) de 27 x 33 cm, évidé au centre d'une fenêtre de 18 x 23 cm.
- 1 rectangle b (c.o.) de 16,6 x 21,6 cm, évidé au centre d'un motif (conserver le négatif) **(schéma 3, page suivante).**
- 4 bandes fines (0,6) :
  2 bandes de 16,6 x 0,5 cm
  2 bandes de 22,6 x 0,5 cm.

schéma 1

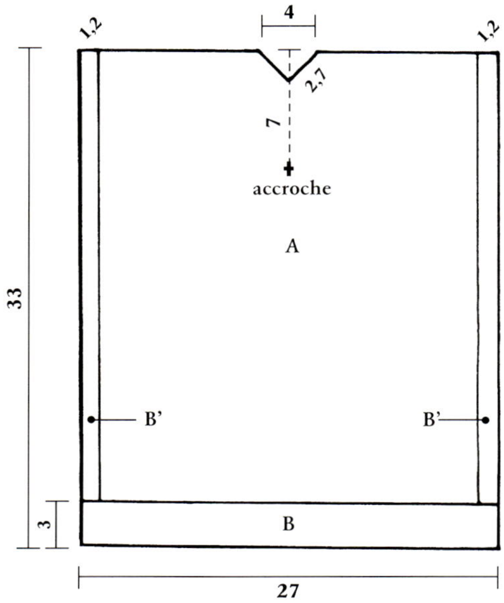

schéma 2

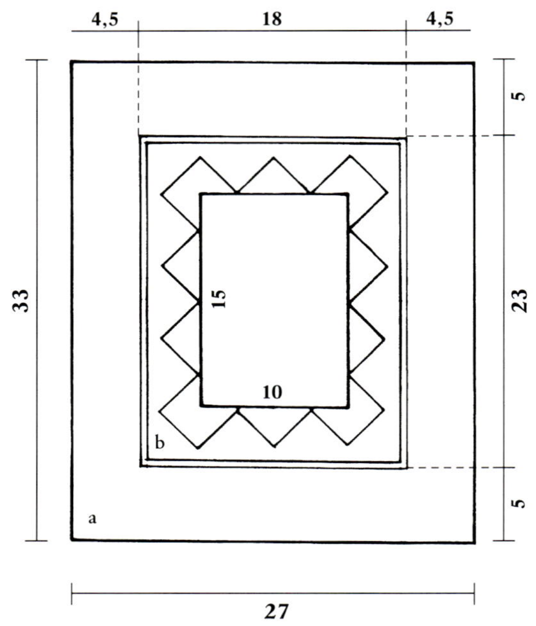

schéma 3

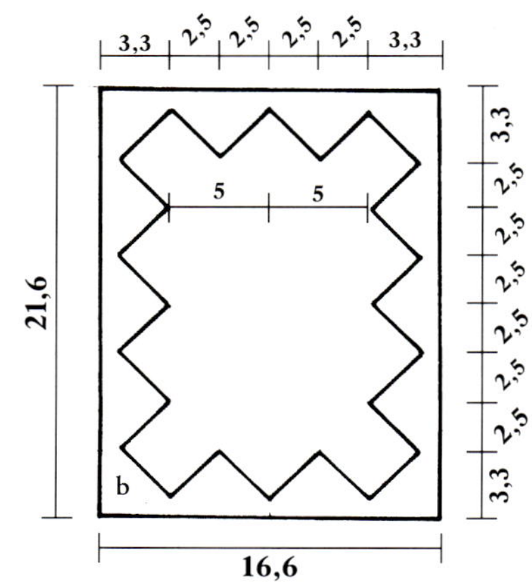

LE MONTAGE

- Placer l'accroche à l'arrière ou au travers du fond A.
- Coller les bandes B et B' sur le rectangle A.
- Coller le rectangle a sur le cadre (cannelures vers l'extérieur).
- Coller le rectangle b au centre du cadre (face lisse vers l'extérieur) **(photo 1).**
- Coller le cadre sur le fond A **(photo 2).**
- Coller les 4 fines bandes entre a et b **(photo 3).**
- Glisser la vitre entre le fond et le cadre.

1

2

3

Le négatif

1

2

Le matériel nécessaire

carton blanc (0,6) : 30 x 20 cm
le négatif du motif du cadre aztèque

le matériel de base

Le découpage

Le fond

(schéma 1)

- 1 rectangle A (0,6) de 15 x 20 cm.
- 3 bandes :

  1 bande B (0,4) de 8,5 x 1 cm
  2 bandes B' (0,4) de 15 x 1 cm.

- 1 triangle C **(schéma 2)**.

Le cadre

- Le négatif du motif du cadre aztèque, évidé d'un rectangle de 7 x 12 cm.
- 1 rectangle D (0,6) de 7 x 12 cm, évidé d'un rectangle de 6 x 11 cm **(schéma 3)**.

Le montage

- Coller les 3 bandes B et B' sur le rectangle A.
- Coller le rectangle D dans la fenêtre du motif **(photo 1)**.
- Coller le cadre sur le fond **(photo 2)**.
- Coller le triangle à l'arrière du fond.

schéma 1

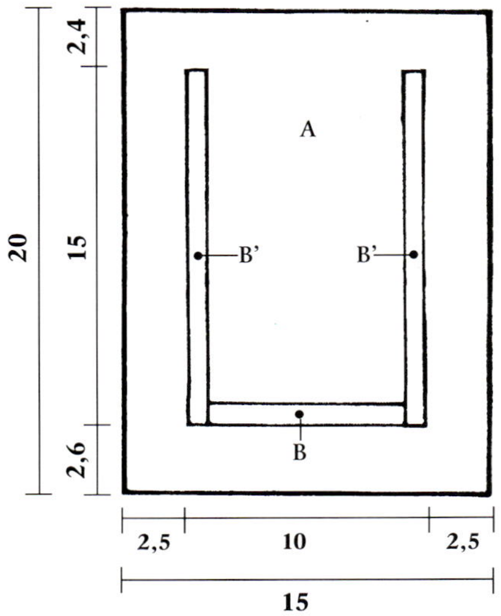

schéma 2

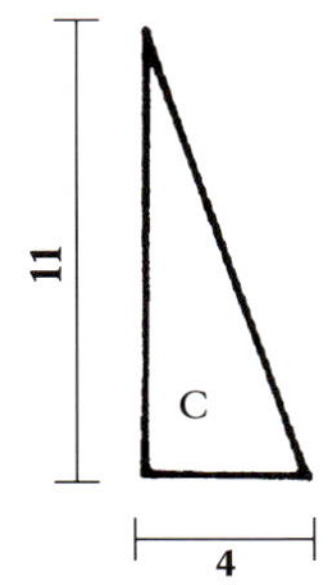

schéma 3

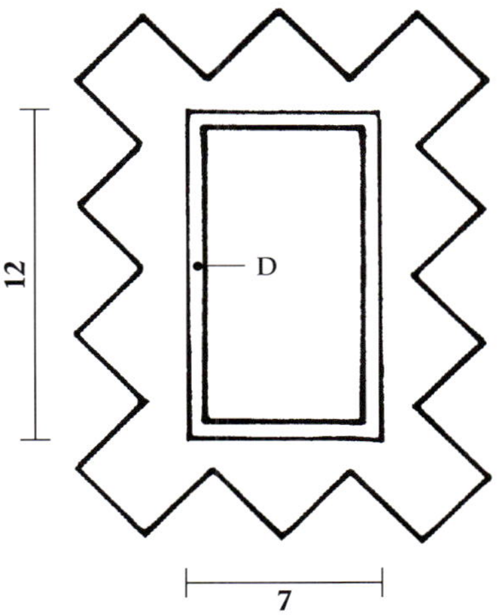

Pêle-mêle Timbre

Le matériel nécessaire

carton brun (0,4) : 60 x 35 cm
carton blanc (0,6) : 26 x 4 cm
carton (c.o) : 30 x 24 cm
1 accroche pour cadre
1 poinçon
1 vitre de 21 x 27 cm

le matériel de base

1

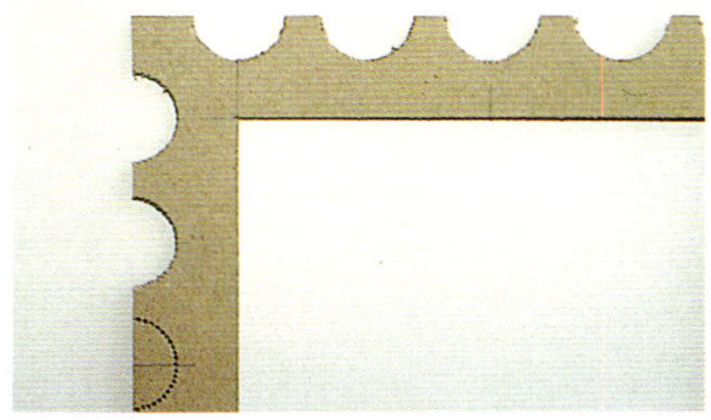

2

schéma 1

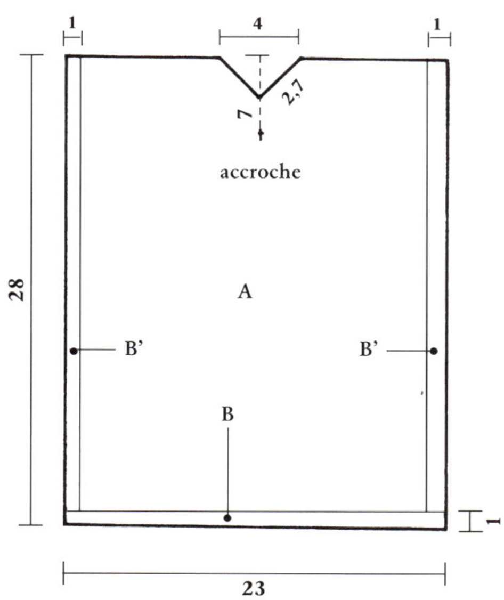

Le découpage

Le fond (schéma 1)

- 1 rectangle A (0,4) de 23 x 28 cm, échancré d'un triangle.
- 3 bandes :
  1 bande B (0,4) de 23 x 1 cm
  2 bandes B' (0,4) de 27 x 1 cm.

schéma 2

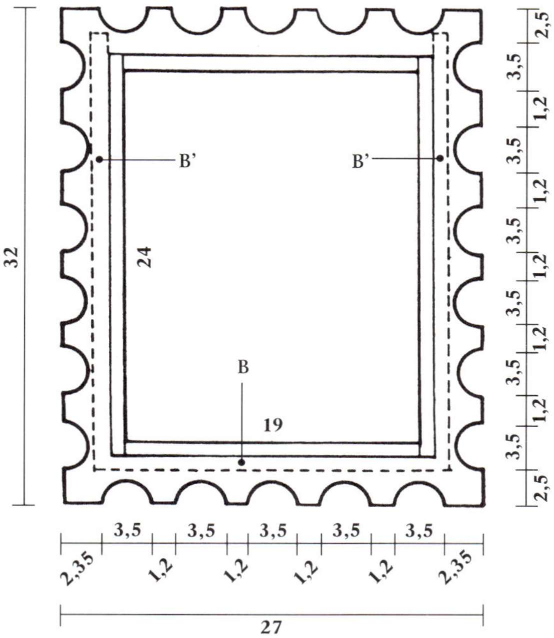

schéma 3

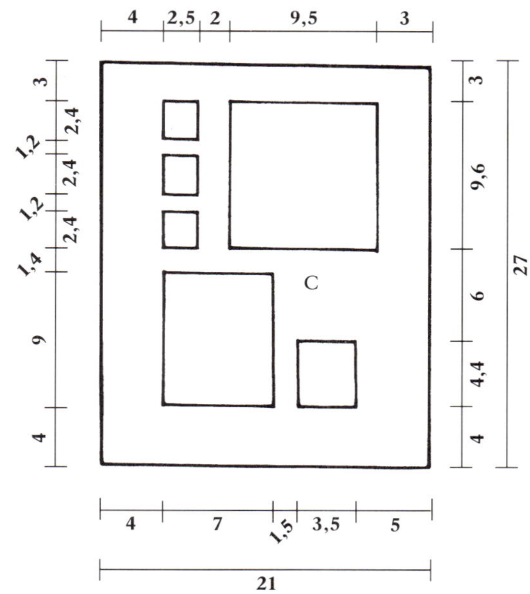

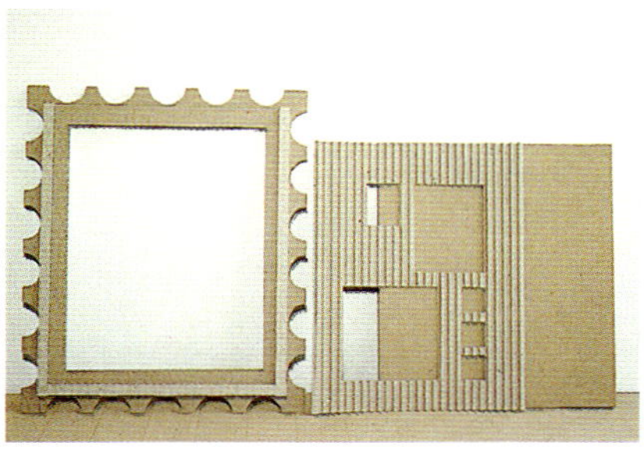
1

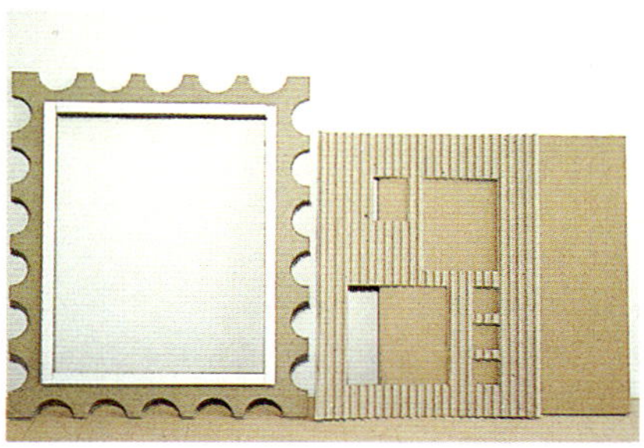
2

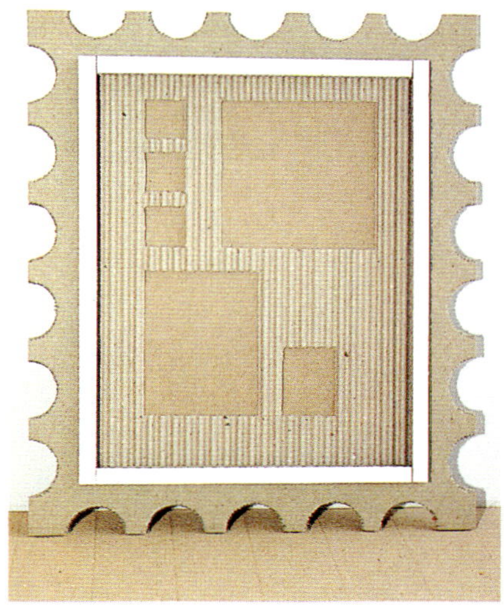
3

Le cadre

• 1 rectangle (0,4) de 27 x 32 cm, évidé au centre d'une fenêtre rectangulaire de 19 x 24 cm comportant le tracé du plan **(schéma 2)**.

La décoration

• Poinçonner le pourtour de chaque demi-cercle. Finir la découpe avec le petit cutter **(photos 1 et 2)**.

• 1 rectangle C (c.o.) de 21 x 27 cm, évidé de plusieurs fenêtres **(schéma 3)**.

• 4 bandes (0,6) : 2 bandes de 19 x 1 cm et 2 bandes de 26 x 1 cm.

Le montage

• Placer l'accroche à l'arrière ou au travers du fond A.

• Coller les bandes B et B' à l'arrière du cadre **(photo 1)**.

• Coller les 4 bandes blanches autour de la fenêtre sur le cadre **(photo 2)**.

• Coller le cadre sur le fond A, glisser le rectangle C entre le fond et le cadre **(photo 3)**.

• Glisser la vitre entre le fond et le cadre.

PETIT CADRE AU NŒUD

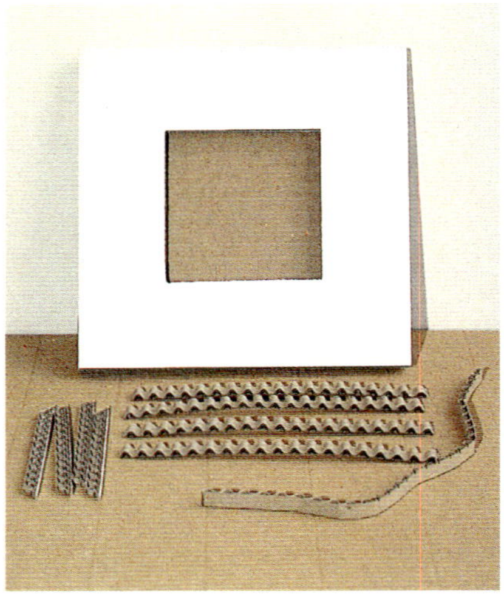

1

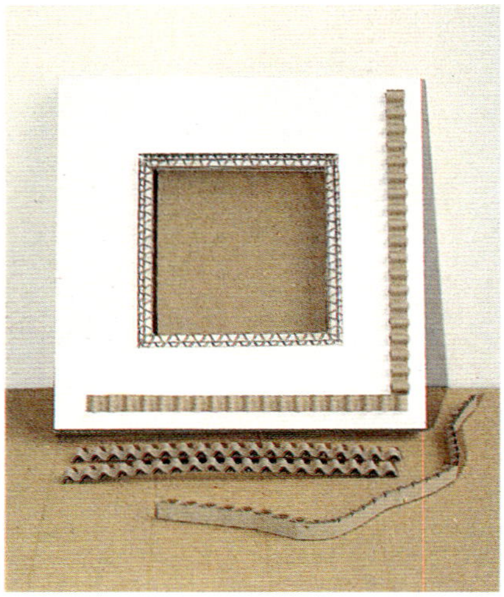

2

LE MATÉRIEL NÉCESSAIRE

carton brun (0,4) : 35 x 17 cm
carton blanc (0,6) : 20 x 20 cm
carton (c.o) : 15 x 5 cm
(1 // aux cannelures)
1 accroche pour cadre
1 vitre de 13 x 13 cm
1 paire de ciseaux

le matériel de base

LE DÉCOUPAGE

Le fond (schéma 1)

- 1 carré A (0,4) de 17 x 17 cm, échancré d'un triangle.
- 1 carré B (0,4) de 17 x 17 cm, évidé sur trois côtés d'un rectangle de 13 x 15 cm.

le cadre

- 1 carré (0,6) de 17 x 17 cm, évidé au centre d'une fenêtre carrée de 8 x 8 cm.

La décoration (schéma 2)

- 4 bandes a (0,4) de 9,5 x 0,6 cm, coupées à 45°.
- 4 bandes b (c.o.) de 14,5 x 0,8 cm (1 // aux cannelures).
- 1 bande fine (c.o.) de 18 x 0,4 cm.

LE MONTAGE

- Placer l'accroche à l'arrière ou au travers du fond A.
- Coller le rectangle B sur le carré A, puis l'ensemble avec le cadre **(photo 1)**.
- Coller les bandes coupées à 45° autour de la fenêtre.
- Coller les 4 bandes (c.o) à 0,8 cm du bord du cadre **(photo 2)**.
- Fabriquer un nœud avec la bande fine, puis le coller en haut du cadre **(photos 3, 4 et 5)**.
- Glisser la vitre entre le fond et le cadre.

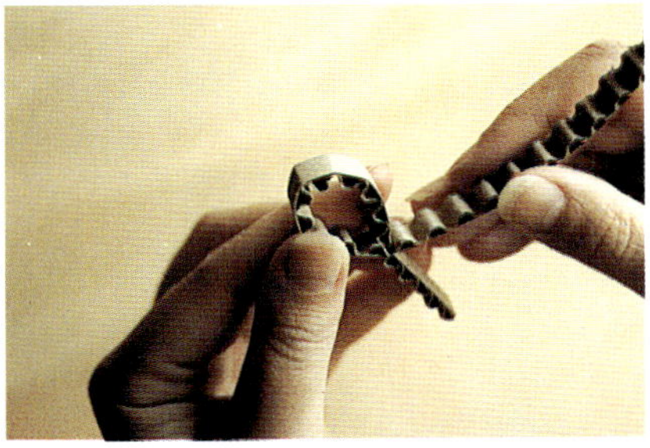

3

4

5

schéma 1

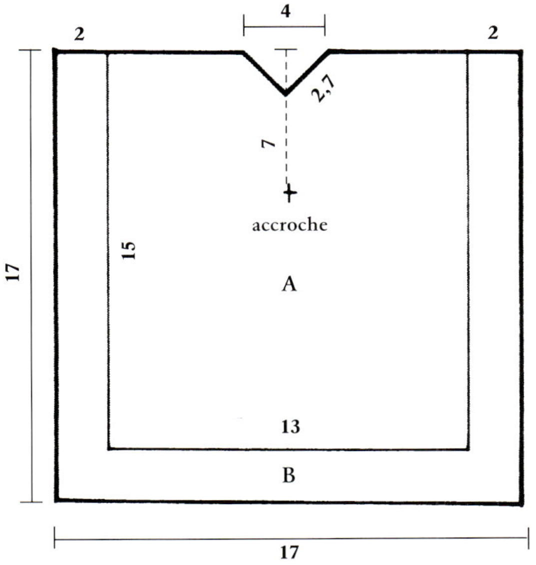

schéma 2

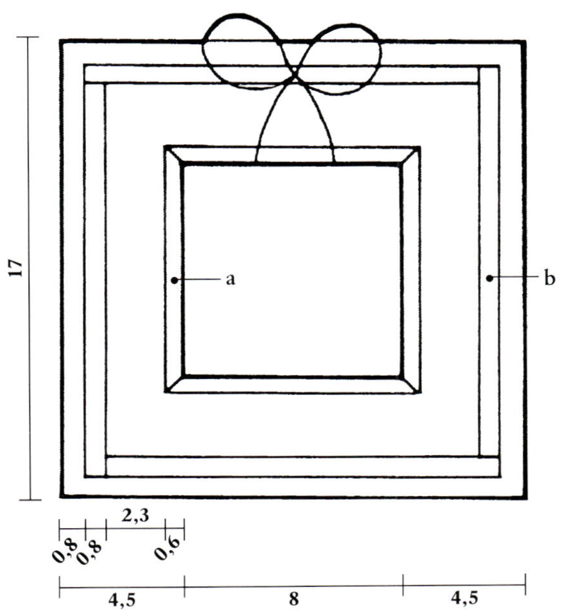

MIROIR EN SERPENTINS

schéma 1

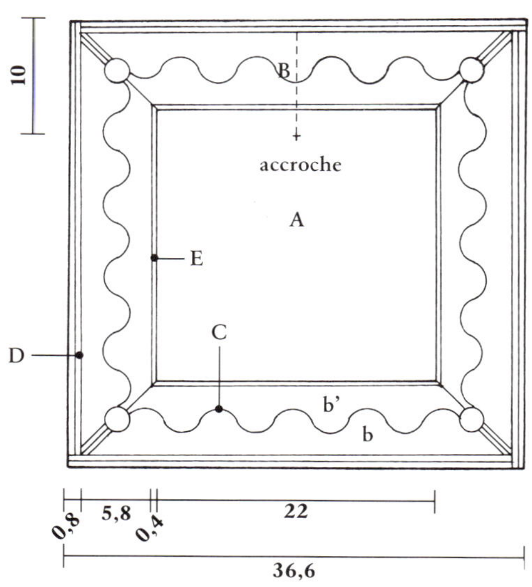

LE MATÉRIEL NÉCESSAIRE

carton brun (0,4) : 40 x 40 cm
carton blanc (0,6) : 35 x 35 cm
carton (c.o) : 33 x 6 cm
(1 // aux cannelures)
1 miroir adhésif carré
de 22,5 x 22,5 cm
1 accroche pour cadre

le matériel de base

LE DÉCOUPAGE

Le fond (schéma 1)

- 1 carré A (0,4) de 35 x 35 cm.

schéma 2

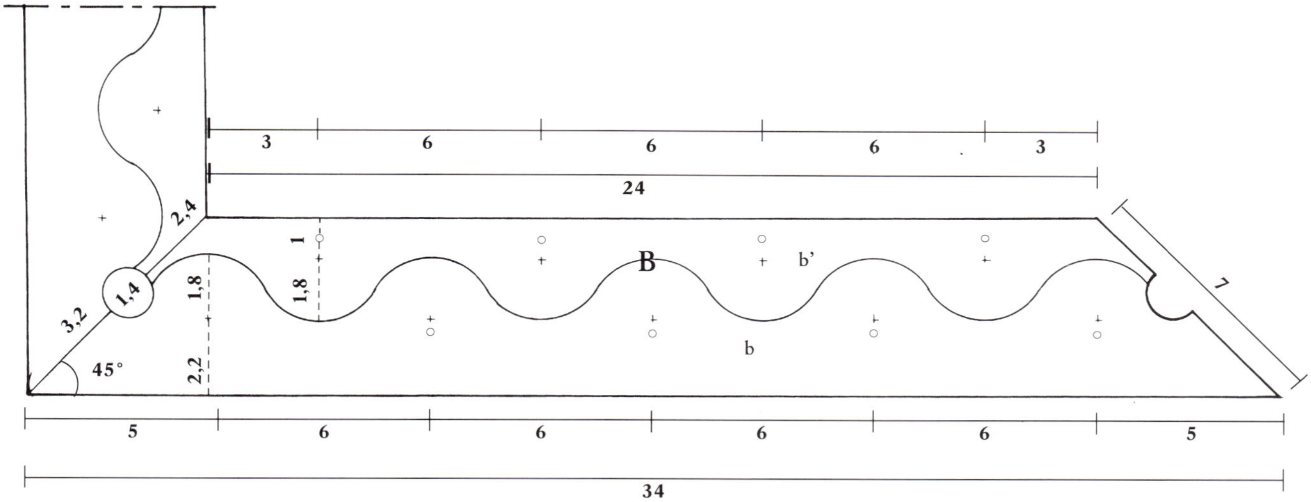

1

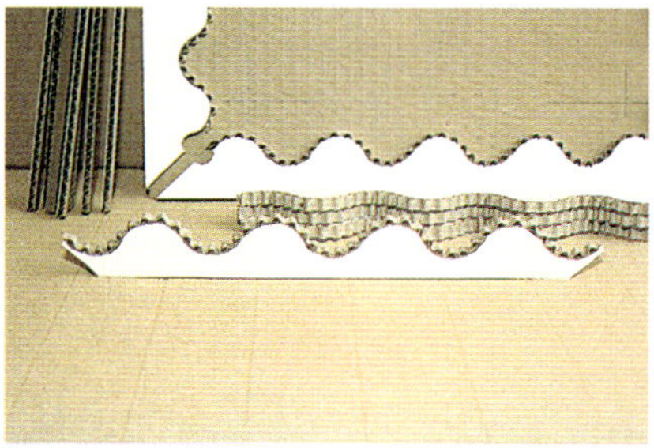
2

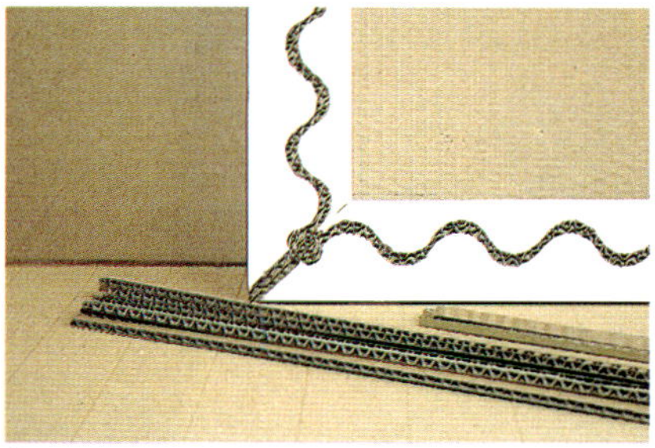
4

3

5

Le cadre (schéma 1)

- 4 figures B (0,6) (b et b') (○ : pointe du compas) **(schéma 2).**
- 9 bandes C (c.o.) de 32,6 x 0,6 cm.
- 8 bandes D (0,4) de 36 x 1 cm.
- 4 bandes E (0,4) de 23 x 0,6 cm.
- Chutes : (0,4) et (c.o.).

Le montage

- Poser l'accroche à l'arrière ou au travers du fond A.
- Tracer l'emplacement du miroir sur le fond A.
- Coller les parties b des 4 figures B sur les bords de A **(photo 1).**
- Coller une bande C sur les courbes de b et une bande C sur les courbes de b' **(photo 2).**
- Coller b' contre b **(photo 3).**
- Garnir les motifs d'angles de (c.o.) et de (0,4) **(photo 4).**
- Coller 2 bandes D sur chaque côté du cadre et coller les 4 bandes E à l'intérieur du cadre **(photo 5).**
- Coller le miroir au centre du cadre.

Miroir en vagues

schéma 1

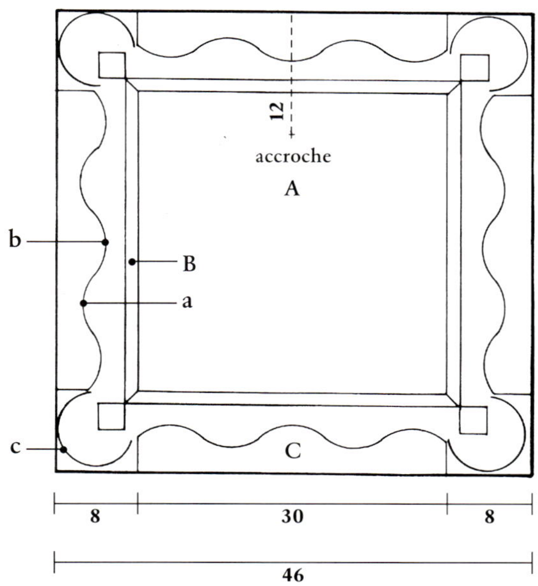

Le matériel nécessaire

carton brun (0,4) : 50 x 50 cm
carton blanc (0,6) : 35 x 35 cm
carton (c.o) : 100 x 5 cm
(1 // aux cannelures)
1 miroir adhésif carré
de 30 x 30 cm
1 accroche pour cadre

le matériel de base

schéma 2

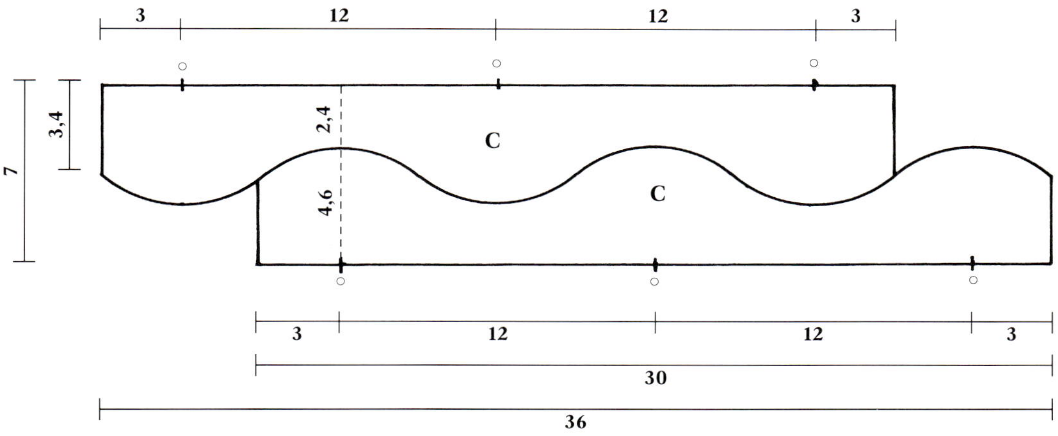

1

2

3

Le découpage

Le fond (schéma 1)

• 1 carré A (0,4) de 46 x 46 cm, comportant le tracé du plan du cadre.

Le cadre

• 4 bandes B (0,4) de 32,5 x 1,2 cm, coupées à 45°.

• 8 pièces C (0,6) tracées et découpées par deux (○ : pointe du compas) **(schéma 2)**.

• 2 bandes a (c.o) de 100 x 2 cm.

• 4 bandes b (c.o) de 35 x 0,8 cm.

• 4 bandes c (c.o) de 15 x 2 cm.

• 4 carrés (0,6) de 3 x 3 cm.

Le montage

• Poser l'accroche à l'arrière ou au travers du fond A.

• Coller les 4 bandes B.

• Fabriquer, en les collant, 4 blocs de 2 pièces C chacun.

• Coller les 4 blocs sur le fond **(photo 1)**.

• Coller la bande a contre les courbes des blocs, en formant un arrondi dans les angles (cannelures vers le centre du cadre) **(photo 2)**.

• Coller les bandes b à l'arrière de a, contre les courbes.

• Coller les bandes c à l'arrière des arrondis d'angles.

• Coller les 4 carrés aux 4 angles de B **(photo 3)**.

• Coller le miroir au centre du cadre.

Miroir rococo

Le découpage

(Schéma 1)

Le fond

- 1 carré A (0,4) de 44 x 44 cm.

Le cadre

- 4 côtés B (0,4) **(schéma 2)**.
- 12 profils C (0,6) **(schéma 3)**.
- 1 carré D (0,4) de 26 x 26 cm, évidé d'un carré de 22,5 x 22,5 cm.
- 4 bandes E (0,4) de 44 x 2 cm, coupées à 45°.
- 4 bandes F (0,6) de 26 x 1,8 cm, coupées à 45°.
- 4 rectangles G (0,4) de 44 x 3,8 cm, biseautés à 45°.

1

2

Le matériel nécessaire

carton brun (0,4) : 90 x 60 cm
carton blanc (0,6) : 45 x 45 cm
carton (c.o) : 30 x 30 cm
papier-calque
1 miroir adhésif carré
de 22,5 x 22,5 cm
1 accroche pour cadre

le matériel de base

schéma 1

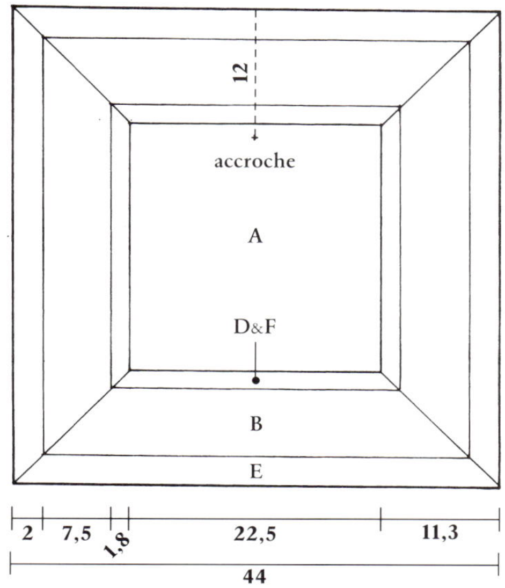

schéma 2

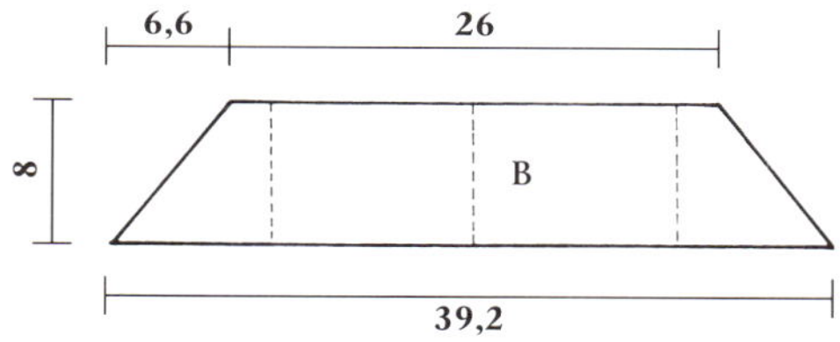

schéma 3

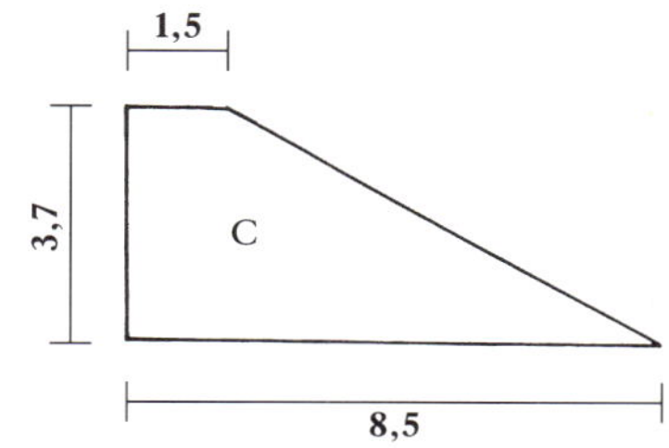

schéma 4

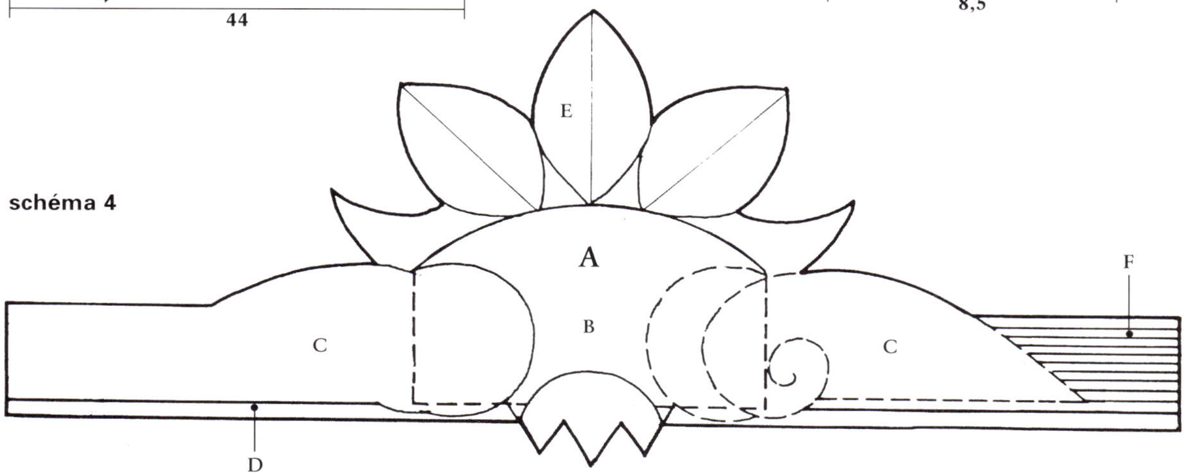

3

Le montage

• Poser l'accroche à l'arrière ou au travers du fond A.

• Coller 3 profils sur chaque côté B (repères en pointillés sur schéma 2) **(photo 1)**.

• Tracer l'emplacement du miroir, puis coller le carré D autour.

• Coller les 4 côtés B contre ce carré **(photo 2)**.

• Coller les 4 bandes F sur le carré central D.

• Coller les bandes E sur le pourtour du cadre, contre les côtés B **(photo 3)**.

• Fermer le cadre en collant les 4 rectangles G sur les côtés de celui-ci.

Le décor (photo 4)

• Agrandir (L = 44 cm) le modèle **(schéma 4)**, puis le décalquer.

• Reproduire les différentes parties sur le carton correspondant :

la silhouette A (0,4)
1 figure B (c.o.)
1 bande (c.o.) de 50 x 1,5 cm
2 figures C (0,4), comportant le tracé des courbes
1 fine bande (c.o.) de 60 x 0,5 cm
1 rectangle D (0,6) de 44 x 4 cm
3 feuilles E (c.o.)
des bandes F (0,4) de 13 x 0,5 cm.

4

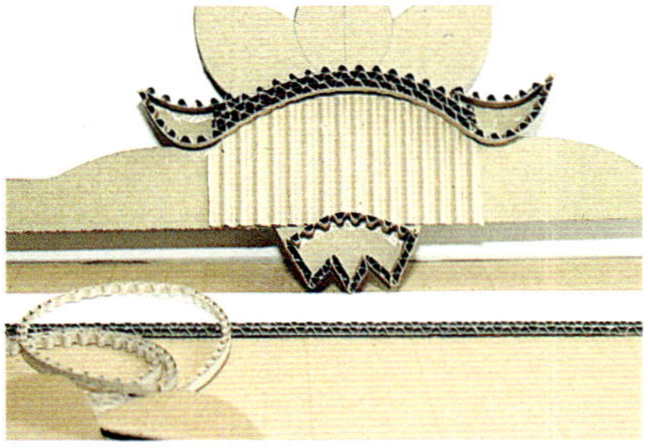

5

6

7

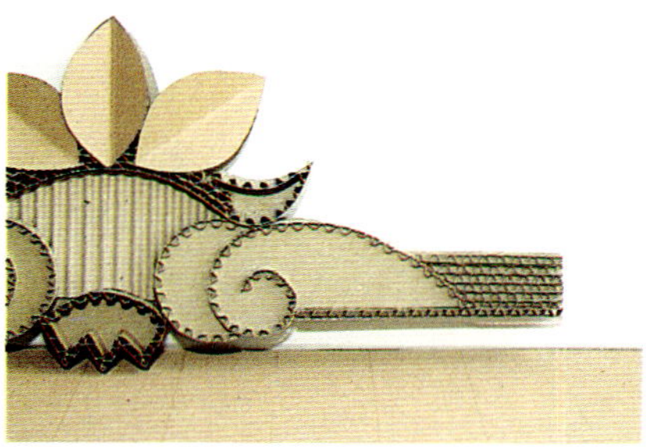

8

Le montage

- Coller la figure B et des bandes de c.o. sur les pointes de la silhouette A.
- Coller du carton (0,4) sur le motif du bas **(photo 5)**.
- Coller, sur les 2 figures C, la fine bande de c.o. selon le tracé des courbes **(photo 6)**.
- Coller sur les 2 figures C de part et d'autre de B, puis la silhouette A sur la face blanche du rectangle D **(photo 7)**.
- Coller des bandes F, sur la tranche, de part et d'autre des figures C **(photo 8)**.
- Coller le décor en haut du cadre **(photo 9)**.
- Coller le miroir au centre du cadre.

9

Cadre classique

schéma 1

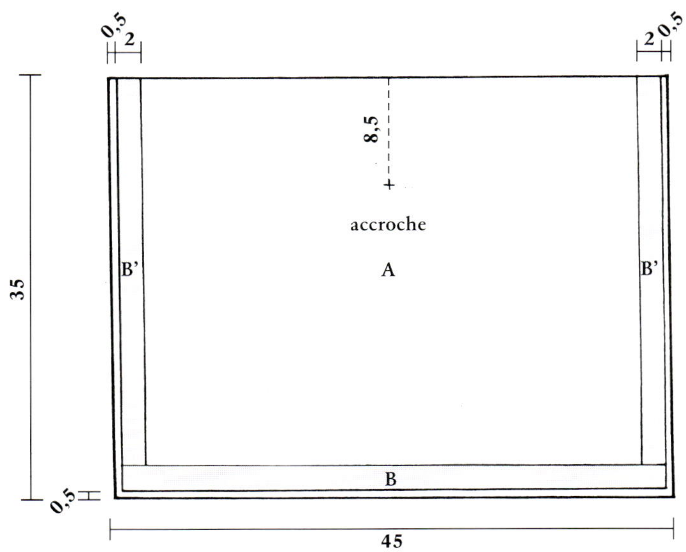

Le matériel nécessaire

carton brun (0,4) : 80 x 50 cm
carton blanc (0,6) : 45 x 10 cm
carton (micro c.o.) : 45 x 45 cm
carton (c.o.) : 30 x 30 cm
1 accroche pour cadre
1 vitre de 30 x 40 cm

le matériel de base

Le découpage

le fond (schéma 1)

- 1 rectangle A (0,4) de 45 x 35 cm.
- 3 bandes :
1 bande B (0,4) de 44 x 2 cm
2 bandes B' (0,4) de 32,5 x 2 cm

schéma 2

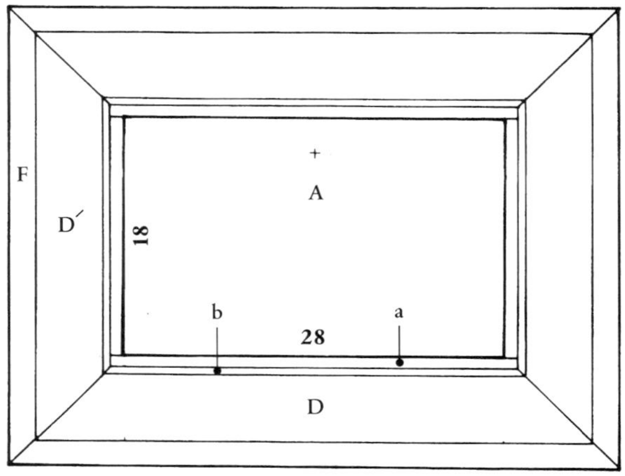

schéma 3

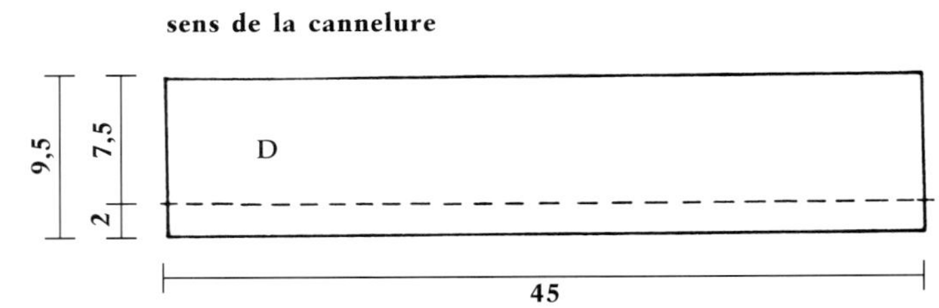

schéma 4

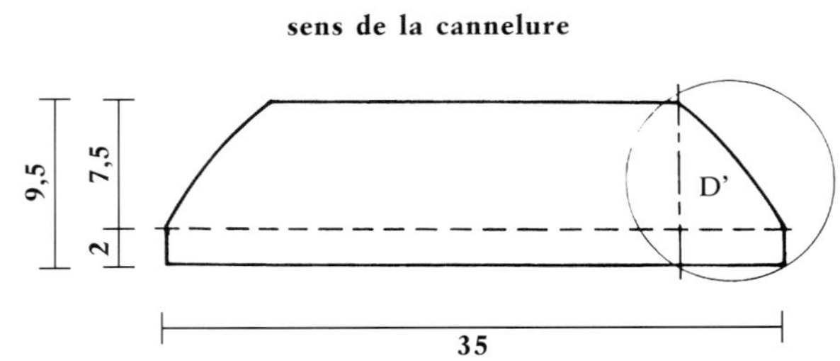

schéma 5

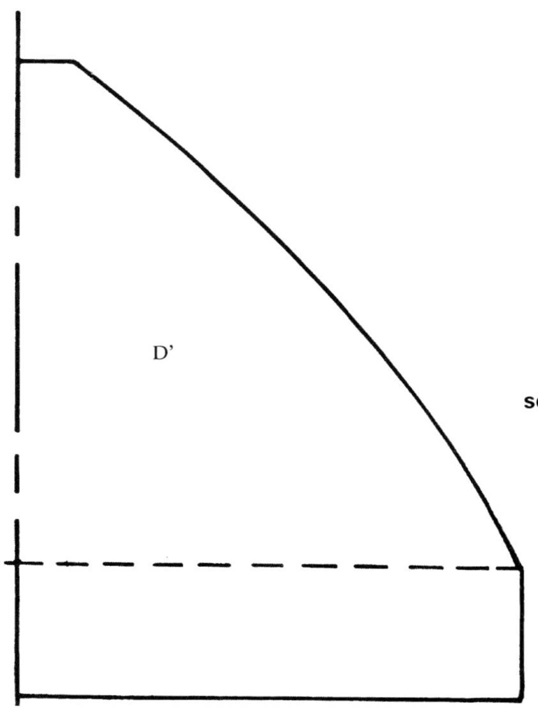

détail d'angle à taille réelle

schéma 6

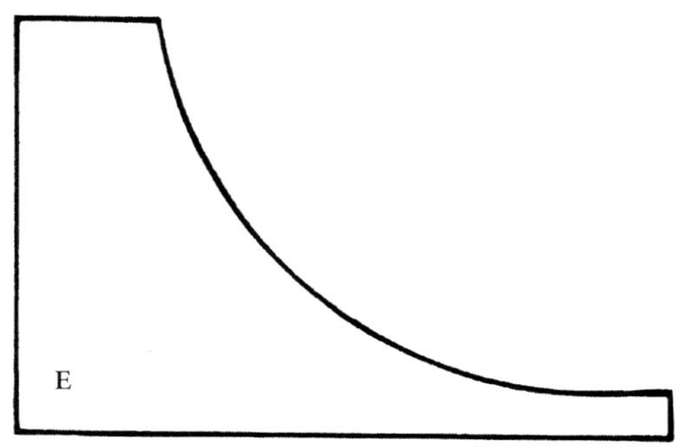

profil à taille réelle

1

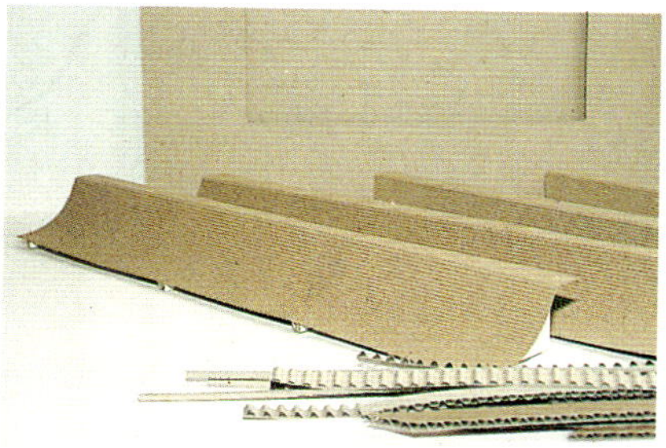

2

3

4

5

Le cadre (schéma 2)

- 1 rectangle C (0,4) de 44 x 34,5 cm, évidé au centre d'une fenêtre rectangulaire de 28 x 18 cm.

La décoration

- 2 côtés D (micro c.o.) de 45 x 9,5 cm (coup de cutter pour plier sur les pointillés) **(schéma 3)**.
- 2 côtés D' (micro c.o.) de 35 x 9,5 cm (voir détail angle D') (coup de cutter pour plier sur les pointillés) **(schémas 4 et 5)**.
- 14 profils E (0,6) **(schéma 6)**.
- 4 bandes a (c.o.) :

  2 bandes de 1 x 30 cm
  (l // aux cannelures) ;
  2 bandes de 1 x 18 cm
  (l // aux cannelures)

- 4 bandes b (c.o.) :

  2 bandes de 22 cm(coupées à 45°)
  (largeur : une cannelure) ;
  2 bandes de 31 cm (coupées à 45°)

- 4 bandes F (0,4) :

  2 de 35 x 2 cm (coupées à 45°)
  2 de 45 x 2 cm (coupées à 45°)

- 4 rectangles G (0,4) :

  2 de 45 x 5,4 cm (biseautés à 45°)
  2 de 35 x 5,4 cm (biseautés à 45°).

LE MONTAGE

- Placer l'accroche à l'arrière ou au travers du fond A.
- Coller les 3 bandes B et B' à 0,5 cm du bord de A.
- Coller le rectangle C sur le fond A.
- Coller 4 profils sur la face lisse de chaque côté D **(photos 1 et 2)**.
- Coller 3 profils sur la face lisse de chaque côté D'.
- Coller les côtés D à 1 cm de la fenêtre du cadre **(photo 3)**.
- Coller les côtés D' à 1 cm de la fenêtre du cadre **(photo 4)**.
- Coller les 4 bandes a autour de la fenêtre.
- Coller les 4 bandes b autour des bandes a.
- Coller les 4 bandes F sur le pourtour du cadre.
- Fermer le cadre en collant les 4 rectangles G sur les côtés de celui-ci **(photo 5)**.
- Glisser la vitre entre le fond et le cadre.

MIROIR EN ARRONDI

LE MATÉRIEL NÉCESSAIRE

carton brun (0,4) : 40 x 40 cm
carton blanc (0,6) : 70 x 70 cm
carton (c.o.) : 100 x 40 cm
(longueur // aux cannelures)
1 miroir adhésif carré
de 22,5 x 22,5 cm
1 accroche pour cadre
1 rouleau de ruban adhésif
entoilé

le matériel de base

LE DÉCOUPAGE

Le fond

- 1 carré A (0,6) de 40 x 40 cm.

Le cadre

- 12 quarts de cercle a (0,6) **(schéma 1)**.
- 4 côtés b (c.o.) **(schémas 2 et 3)**.
- 4 rectangles c (0,6) de 40 x 8 cm, biseautés à 45° aux angles.

LE MONTAGE

- Poser l'accroche à l'arrière ou au travers du fond A.
- Coller 3 quarts de cercle a sur la face lisse de chaque côté b, un au centre, deux à 3 cm des extrémités en faisant coïncider le point x avec le bas du côté **(photo 1)**.
- Dessiner un carré de 24 x 24 cm au centre du fond A, puis coller tout autour les côtés arrondis. Pour renforcer les angles, coller un morceau de ruban adhésif à l'arrière de chaque jonction **(photos 2 et 3)**.

schéma 1

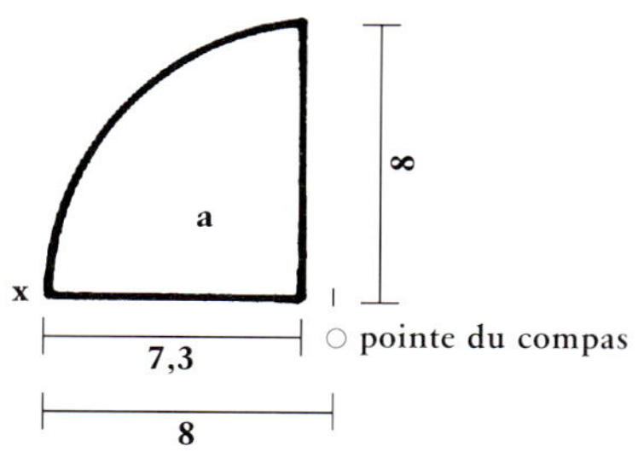

schéma 2

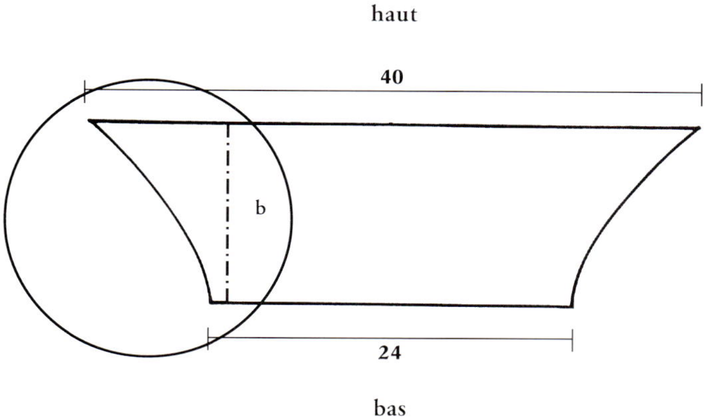

schéma 3

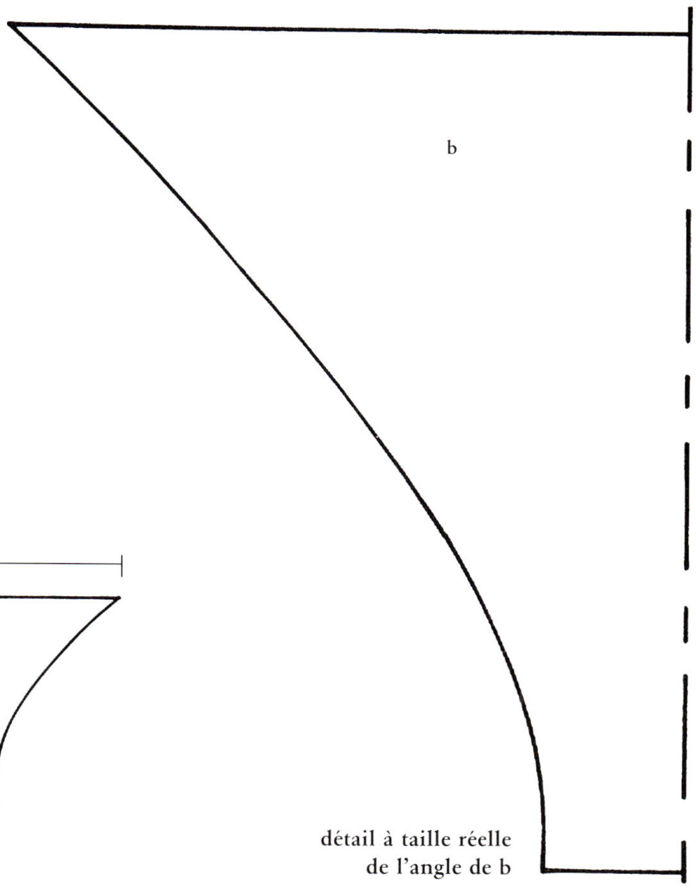

1

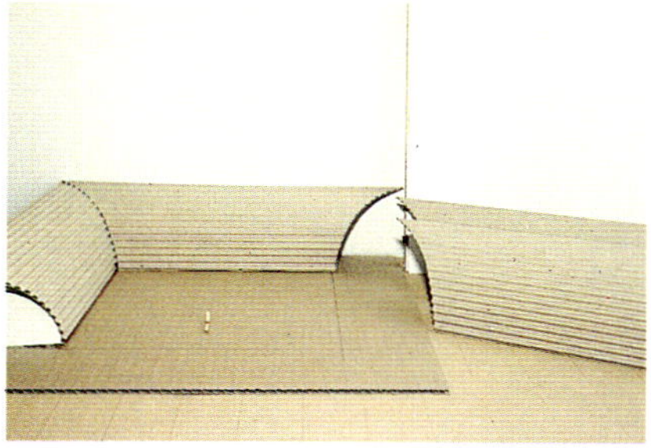

2

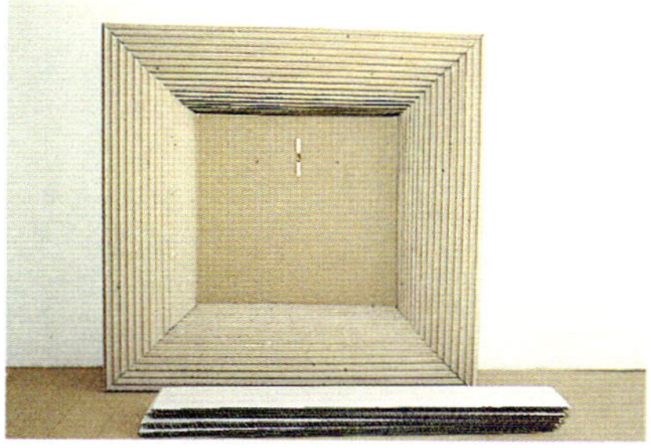

3

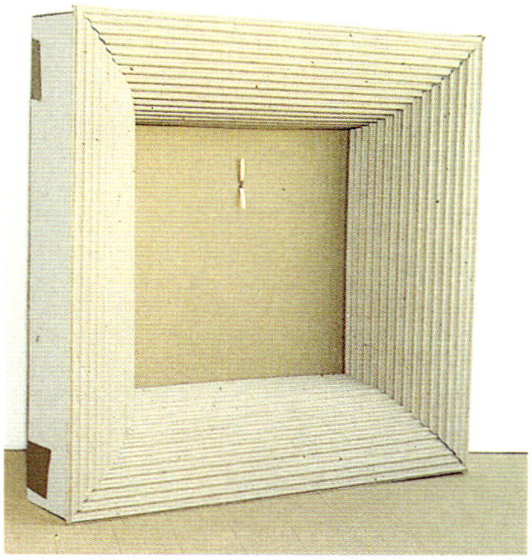

4

• Pour fermer le cadre, coller les rectangles c entre le haut des côtés b, le bord du fond A, et contre les quarts de cercles a. Les maintenir pendant le séchage avec du ruban adhésif **(photo 4)**.

• Coller le miroir au centre du cadre.

PETIT CADRE À FRANGES

LE MATÉRIEL NÉCESSAIRE

carton brun (0,4) : 35 x 35 cm
carton (c.o.) : 35 x 18 cm
(L // aux cannelures)
1 accroche pour cadre
1 vitre de 13 x 13 cm

le matériel de base

schéma 1

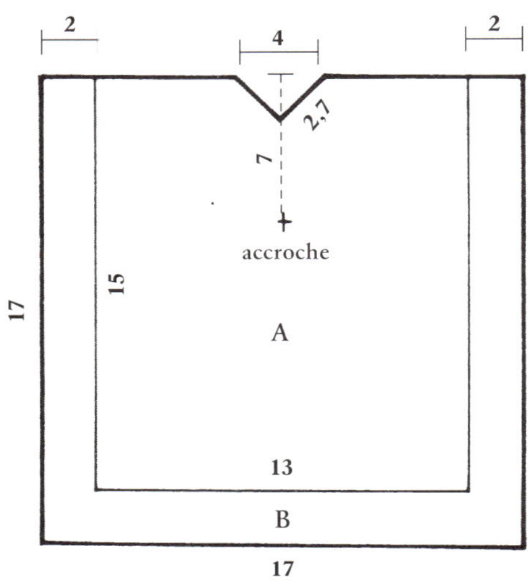

schéma 2

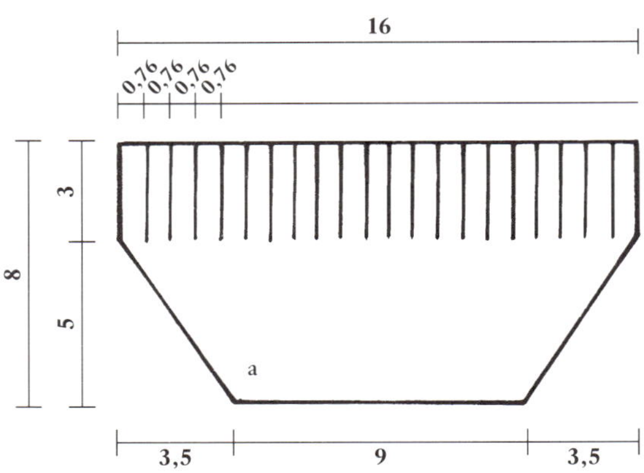

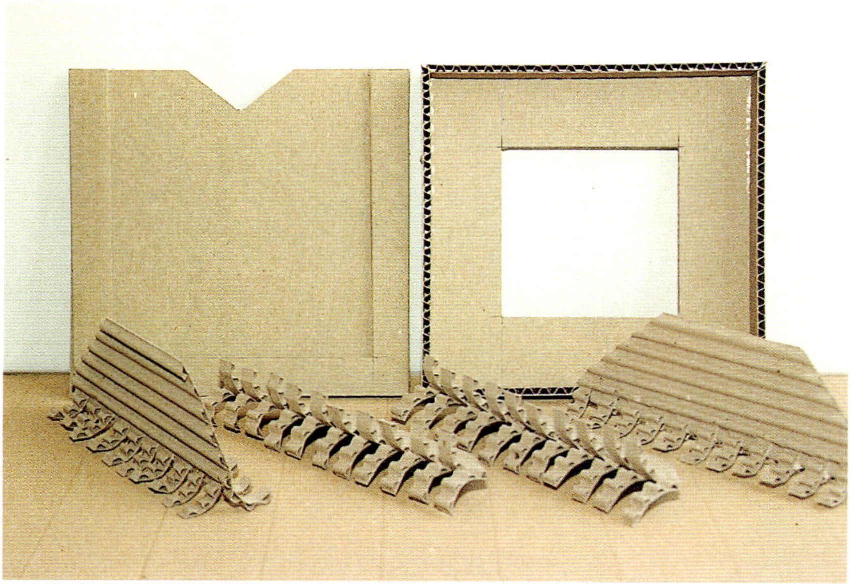

1

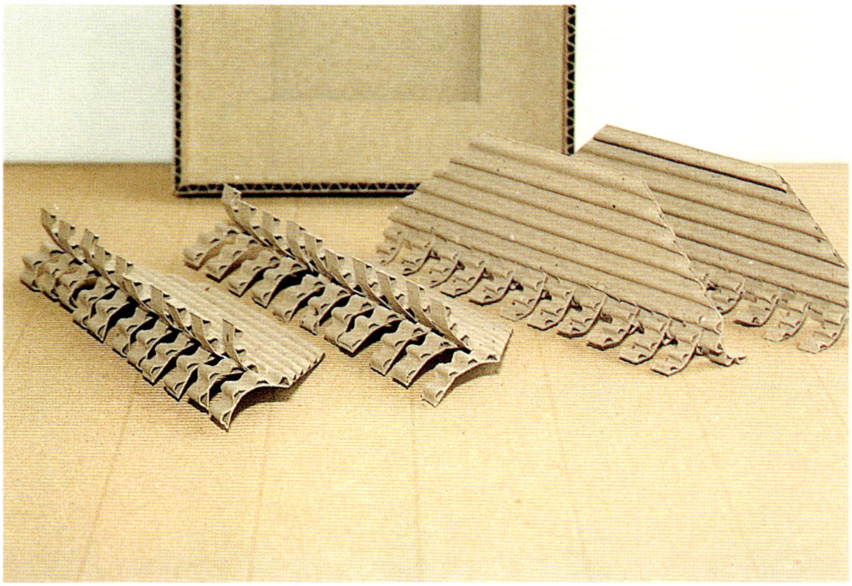

2

3

LE DÉCOUPAGE

Le fond (schéma 1)

• 1 carré A (0,4) de 17 x 17 cm, échancré d'un triangle.

• 1 carré B (0,4) de 17 x 17 cm, évidé sur trois côtés d'un rectangle de 13 x 15 cm.

Le cadre

• 1 carré (0,4) de 17 x 17 cm, évidé au centre d'une fenêtre carrée de 9 x 9 cm.

La décoration

• 4 bandes (0,4) de 16,6 x 2 cm (L // aux cannelures)

• 4 figures a (c.o.) **(schéma 2)**.

LE MONTAGE

• Placer l'accroche à l'arrière ou au travers du fond A.

• Coller le carré B sur le carré A .

• Coller les 4 bandes sur la tranche sur le pourtour du cadre **(photo 1)**.

• Enrouler les franges de figures a en en alternant le sens **(photo 2)**.

• Coller les 4 figures a autour de la fenêtre et sur les côtés **(photo 3)**.

• Glisser la vitre entre le fond et le cadre.

CADRE LUNAIRE

LE DÉCOUPAGE

Le fond (schéma 1)

• 1 rectangle A (0,4) de 27 x 33 cm, échancré d'un triangle.

• 3 bandes :

1 bande B (0,4) de 27 x 3 cm
2 bandes B' (0,4) de 30 x 1,2 cm.

Le cadre

• 1 rectangle (0,4) de 27 x 33 cm, évidé au centre d'une fenêtre rectangulaire de 13 x 19 cm.

La décoration

• 2 rectangles a (micro c.o.) de 33 x 9,5 cm comportant les dessins du modèle découpés au cutter **(schéma 2)**.

• 2 trapèzes b (micro c.o.), comportant les dessins du modèle découpés au cutter **(schéma 3)**.

pointillés : coup de cutter pour plier
trait : découpe au cutter
gros trous : perforeuse
petits trous : poinçon

LE MONTAGE

• Placer l'accroche à l'arrière ou au travers du fond A.

• Coller les 3 bandes B et B' sur le rectangle A.

• Coller le cadre sur le fond **(photo 1)**.

• Coller les 2 rectangles a sur le cadre en collant d'abord les bandes pliables sur les bords de celui-ci, puis en rabattant les rectangles de part et d'autre de la fenêtre **(photo 2)**.

• Glisser la vitre entre le fond et le cadre.

• Coller 2 trapèzes b, en rabattant ceux-ci sur les rectangles a **(photo 3)**.

LE MATÉRIEL NÉCESSAIRE

carton brun (0,4) : 60 x 35 cm
carton (micro c.o.) : 40 x 40 cm
1 accroche pour cadre
1 vitre de 30 x 24 cm
1 poinçon
1 perforeuse de bureau

le matériel de base

1

2

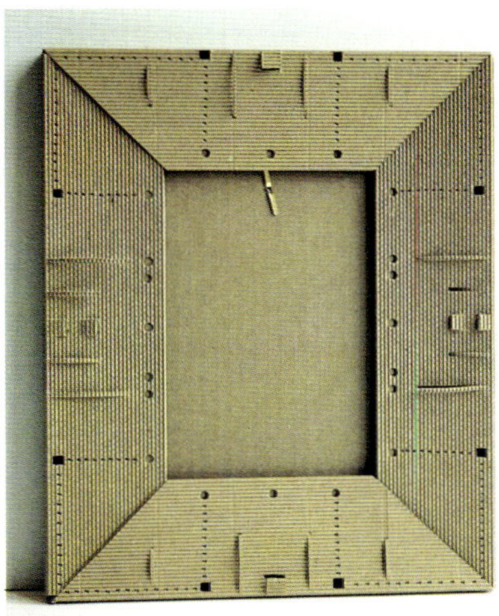

3

schéma 1

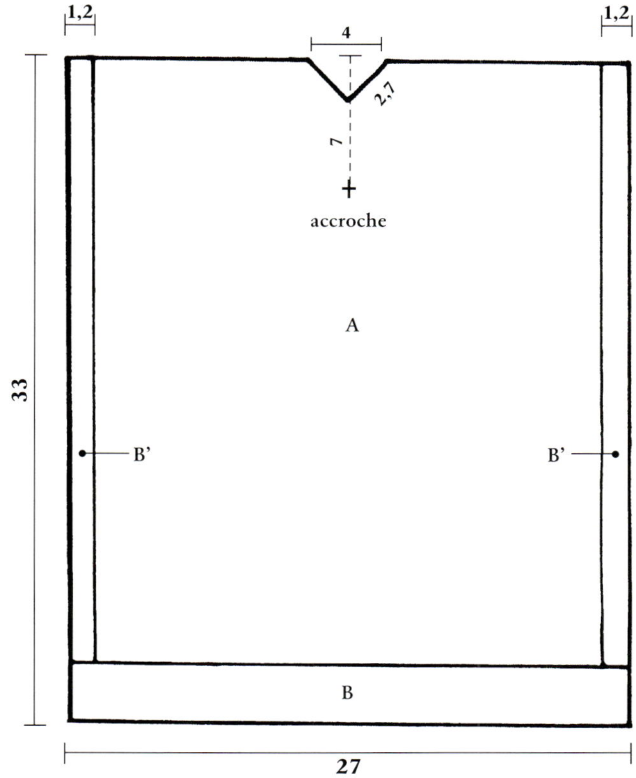

schéma 2

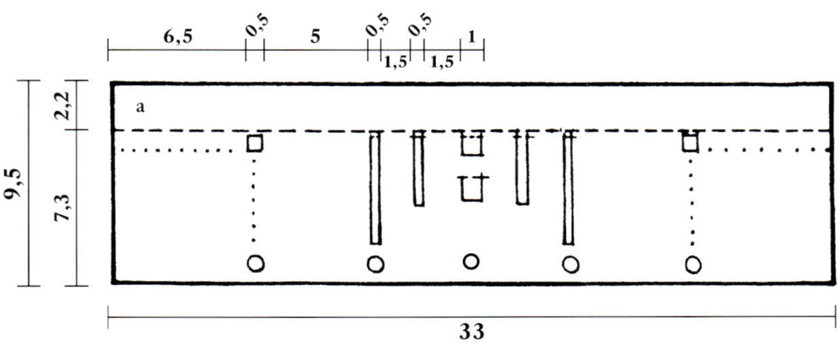

schéma 3

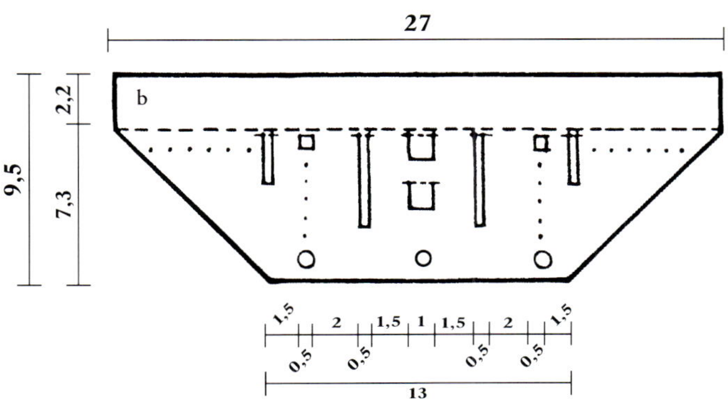

Cadre Aviateur

Le matériel nécessaire

carton brun (0,4) : 60 x 35 cm
carton (micro c.o.) : 33 x 27 cm
carton (c.o.) : 33 x 27 cm
1 accroche pour cadre
1 vitre de 30 x 24 cm

le matériel de base

Le découpage

Le fond (schéma 1)

- 1 rectangle A (0,4) de 27 x 33 cm, échancré d'un triangle.
- 3 bandes :

 1 bande B (0,4) de 27 x 3 cm
 2 bandes B' (0,4) de 30 x 1,2 cm.

Le cadre

- 1 rectangle (0,4) de 27 x 33 cm, évidé au centre d'une fenêtre rectangulaire de 13 x 19 cm.

La décoration (schéma 2)

- 4 rectangles a (micro c.o.) :

 2 rectangles de 33 x 7 cm (coupés aux angles à 45°)

 2 rectangles de 27 x 7 cm (coupés aux angles à 45°)

- 4 bandes b (c.o.) (l // aux cannelures) :

 2 bandes de 33 x 1,5 cm (coupées aux angles à 45°)

 2 bandes de 27 x 1,5 cm (coupées aux angles à 45°)

- 4 bandes c (c.o.) (largeur : une cannelure) :

 2 bandes de 14,5 cm (coupées aux angles à 45°)

 2 bandes de 20,5 cm (coupées aux angles à 45°)

- Les morceaux qui constituent le motif **(schéma 3).**

1

2

3

LE MONTAGE

- Placer l'accroche à l'arrière ou au travers du fond A.
- Coller les 3 bandes B et B' sur le rectangle A.
- Coller les rectangles a sur le cadre **(photo 1)**.
- Coller le cadre sur le fond.
- Coller les bandes b sur les bords du cadre.
- Coller les bandes c sur les bords de la fenêtre **(photo 2)**.
- Coller, en haut du cadre, les bandes et carrés qui constituent le motif **(photo 3)**.
- Glisser la vitre entre le fond et le cadre.

schéma 1

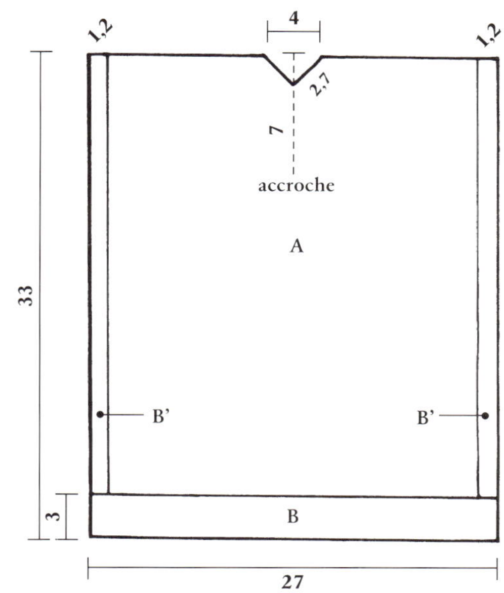

schéma 2

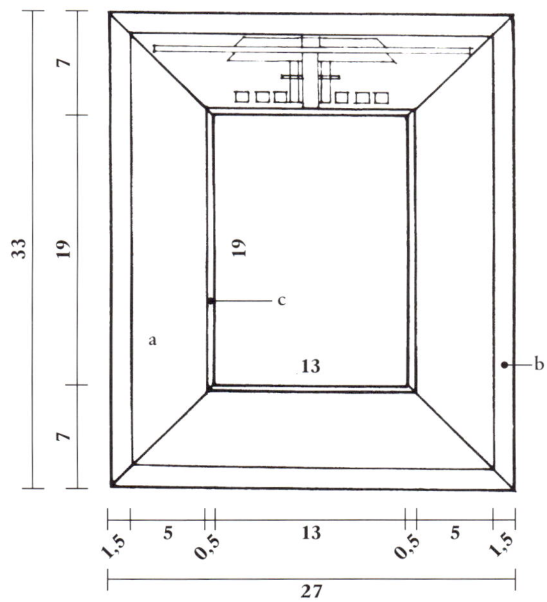

schéma 3

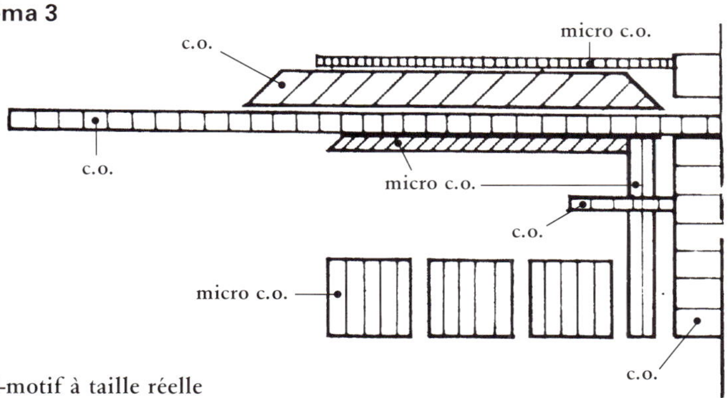

demi-motif à taille réelle

Miroir Art déco

Le matériel nécessaire

carton brun (0,4) : 40 x 45 cm
carton (c.o.) : 40 x 20 cm
(longueur // aux cannelures)
1 miroir carré adhésif de
30 x 30 cm
1 accroche pour cadre

le matériel de base

Le découpage

(Schéma 1)

Le fond

- 1 carré A (0,4) de 40 x 40 cm.

Le cadre

- 1 carré B (0,4) de 40 x 40 cm, évidé d'un carré de 31 x 31 cm et comportant le tracé du plan du cadre.
- 1 carré C (0,4) de 30 x 30 cm, évidé d'un carré de 26,5 x 26,5 cm.
- 4 bandes a (0,4) de 30,4 x 0,6 cm.
- 4 bandes b (c.o) de 25,4 x 1 cm (l // aux cannelures).
- 4 bandes c (0,4) de 25,4 x 0,6 cm.
- 40 bandes d (0,4) de 4,6 x 0,6 cm.
- 28 carrés e (c.o) de 3 x 3 cm.
- 40 bandes f (0,4) de 3 x 0,6 cm.
- 8 bandes g (c.o) de 4,7 x 0,5 cm (l // aux cannelures).
- 16 bandes h (0,4) de 4,1 x 0,6 cm.
- 4 carrés i de 3,7 x 3,7 cm.

Le montage

- Poser l'accroche à l'arrière ou au travers du fond A.
- Coller le carré B sur le fond A.
- Coller les 4 bandes a contre le carré B **(photo 1)**.
- Coller les 4 bandes b contre les bandes a, puis les 4 bandes c contre les bandes b.
- Coller, à chaque angle, 2 blocs de 5 bandes d **(photo 2)**.
- Coller, en alternance, les bandes f et les carrés e (au centre, 3 bandes f de part et d'autre du

schéma 1

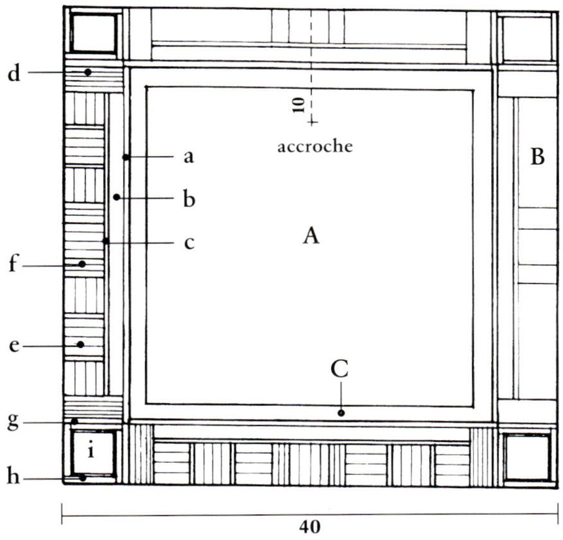

schéma 2

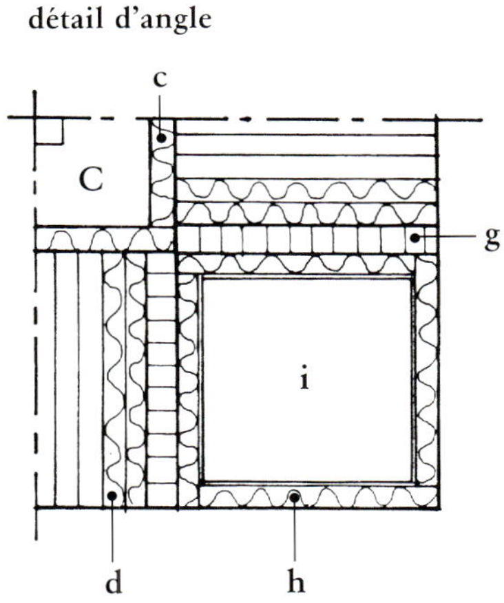

1

3

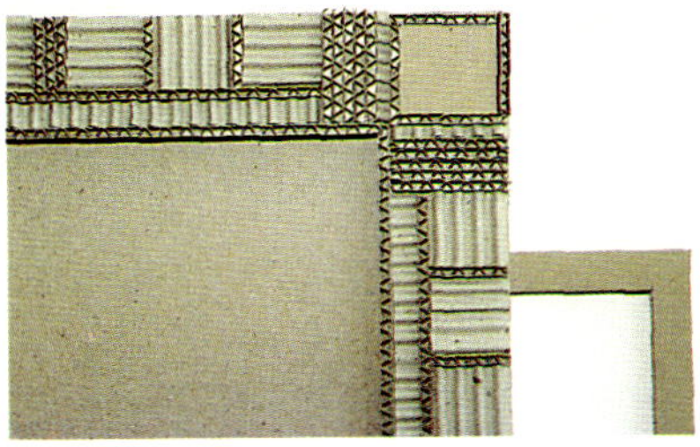

4

carré) en faisant varier le sens des cannelures des carrés **(photo 3)**.

- Coller, à chaque angle, 2 bandes g, 4 bandes h et, au centre, le carré i **(photos 4 et 5 et détail d'angle, schéma 2)**.
- Coller le miroir au centre du cadre.
- Coller le carré c par-dessus.

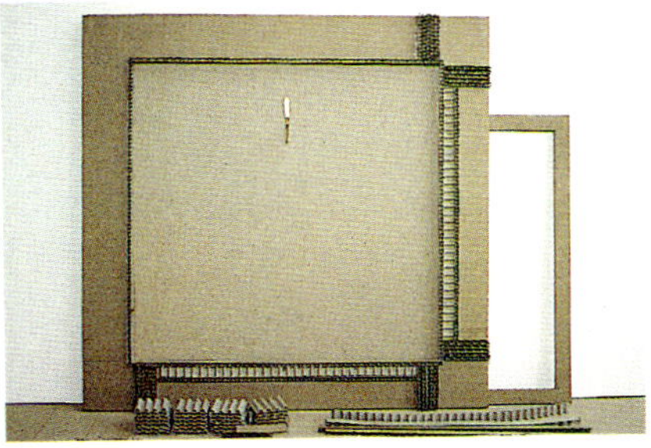

2

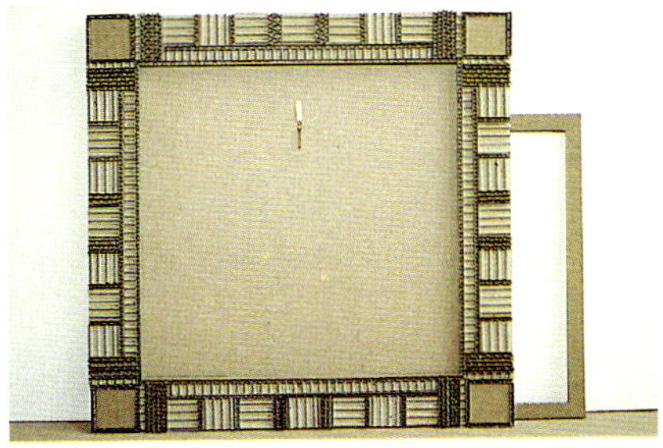

5

Cadre indien

Le matériel nécessaire

carton brun (0,4) : 60 x 35 cm
carton blanc (0,6) : 30 x 10 cm
(L // aux cannelures)
carton (c.o) : 100 x 6 cm
(l // aux cannelures)
1 accroche pour cadre
1 vitre de 30 x 24 cm

le matériel de base

Le découpage

Le fond (schéma 1)

- 1 rectangle A (0,4) de 27 x 33 cm, échancré d'un triangle.
- 3 bandes :

  1 bande B (0,4) de 27 x 3 cm
  2 bandes B' (0,4) de 30 x 1,2 cm.

Le cadre

- 1 rectangle (0,4) de 27 x 33 cm comportant le tracé du plan, évidé au centre d'une fenêtre rectangulaire de 13 x 19 cm.

La décoration (schéma 2)

- 4 bandes a (0,6) de 27 x 0,6 cm.
- 12 bandes b (0,6) de 19 x 0,6 cm.
- 8 bandes c (0,6) de 13 x 0,6 cm.
- 8 bandes d (0,6) de 5,8 x 0,6 cm.
- 4 grandes bandes (c.o.) de 100 x 0,6 cm (l // aux cannelures).
- 8 petites bandes (c.o) de 50 x 0,6 cm (l // aux cannelures).

Le montage

- Placer l'accroche à l'arrière ou au travers du fond A.
- Coller les 3 bandes B et B' sur le rectangle A.
- Coller le cadre sur le fond.
- Coller, sur le cadre, les bandes a et b (face blanche l'une contre l'autre) **(photo 1)**.
- Coller, sur le cadre, les bandes c et d (face blanche l'une contre l'autre) **(photo 2)**.
- Coller, en les pliant en accordéon, les 4 grandes bandes (c.o.) entre les bandes b **(photo 3)**.

schéma 1

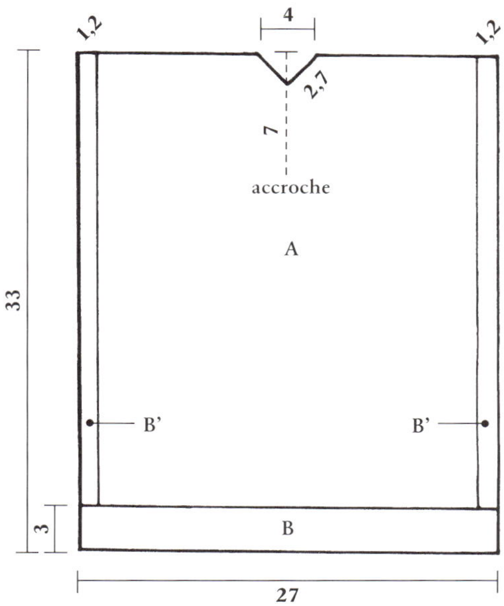

schéma 2

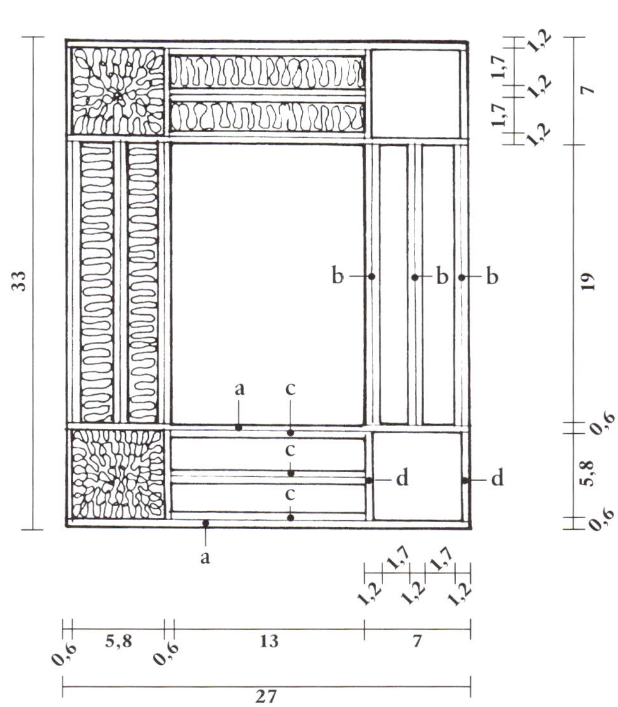

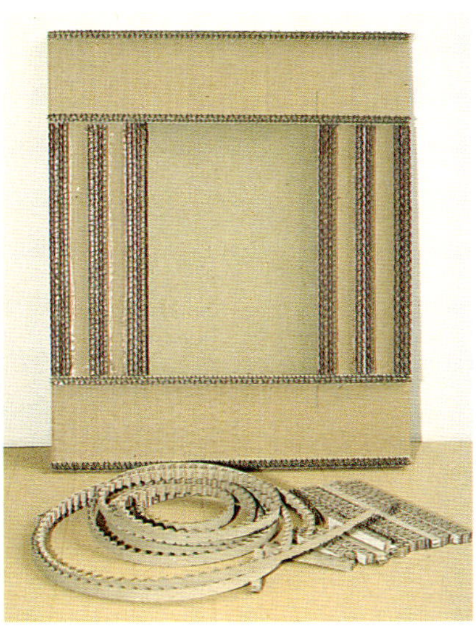

1

2

3

4

5

6

• Faire la même opération avec les 4 petites bandes (c.o.) entre les bandes c **(photo 4)**.

• Coller, en l'entortillant en spirale, une petite bande de (c.o.) à l'intérieur de chaque carré d'angle **(photos 5, 6 et 7)**.

• Glisser la vitre entre le fond et le cadre.

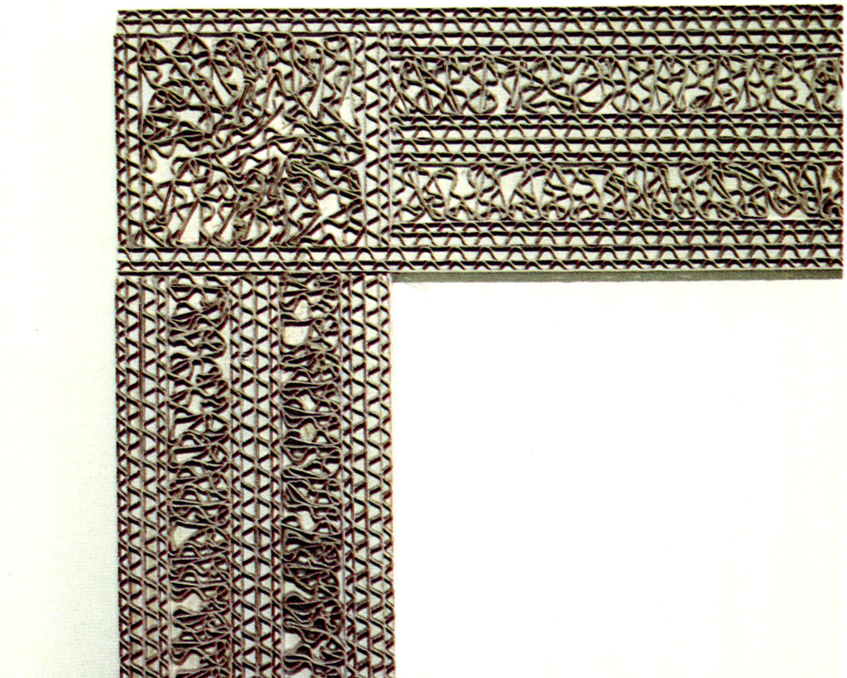

7

PETIT CADRE VÉGÉTAL

schéma 2

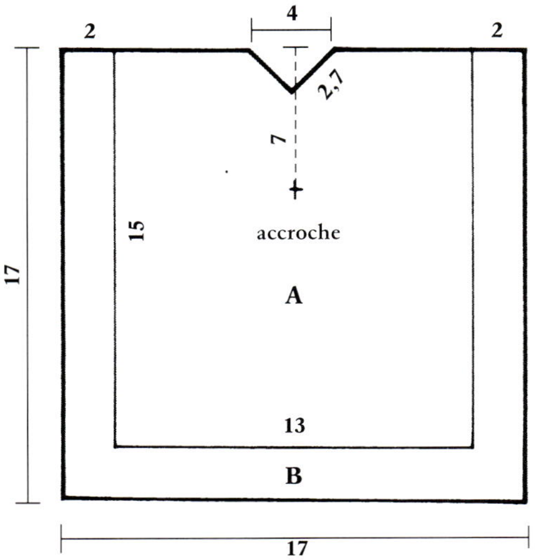

LE MATÉRIEL NÉCESSAIRE

carton brun (0,4) : 35 x 35 cm
carton blanc (0,6) : 20 x 20 cm
1 accroche pour cadre
1 vitre de 13 x 13 cm

le matériel de base

LE DÉCOUPAGE

Le fond (schéma 1)

- 1 carré A (0,4) de 17 x 17 cm, échancré d'un triangle.
- 1 carré B (0,4) de 17 x 17 cm, évidé sur trois côtés d'un rectangle de 13 x 15 cm.

schéma 2

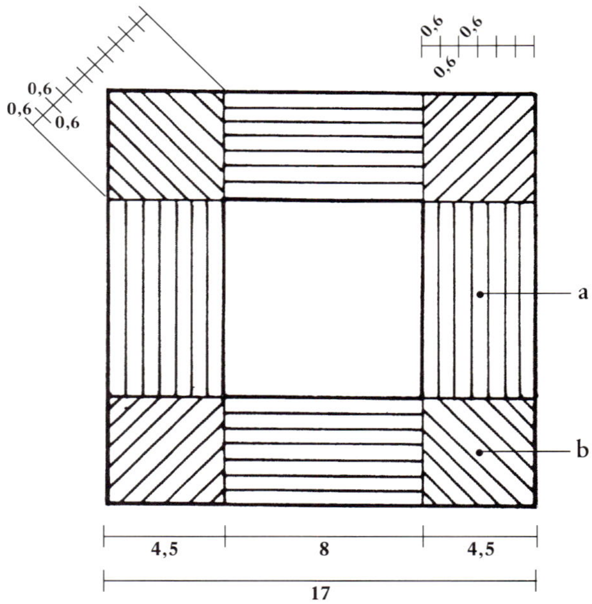

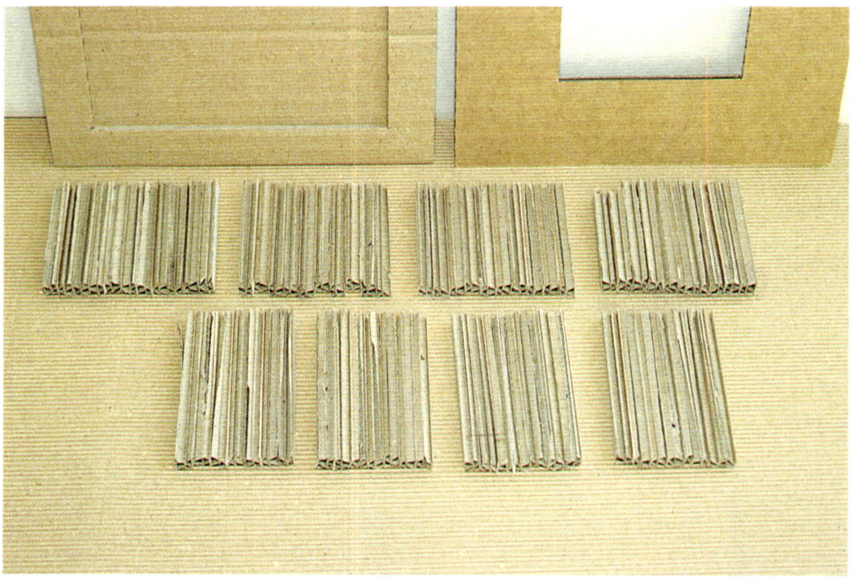

1

3

4

Le cadre (schéma 2)

- 1 carré (0,4) de 17 x 17 cm, comportant le tracé du plan, et évidé au centre d'une fenêtre carrée de 8 x 8 cm.

La décoration

- 28 bandes (0,6) de 8 x 0,6 cm (L // aux cannelures).
- 40 bandes (0,6) de 6,5 x 0,6 cm (L // aux cannelures).

2

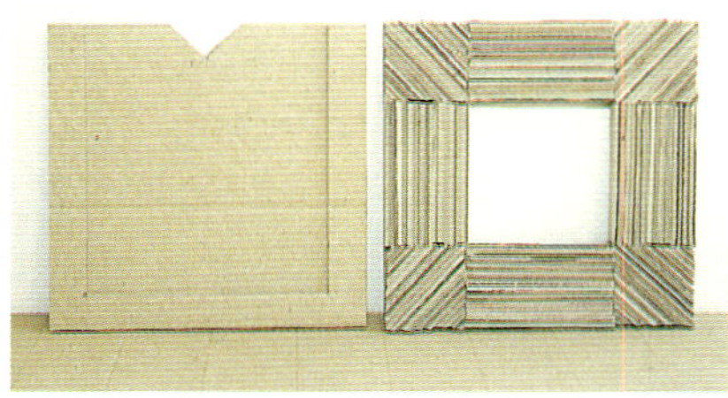

5

6

LE MONTAGE

• Placer l'accroche à l'arrière ou au travers du fond A.

• Coller le carré B sur le carré A, puis l'ensemble avec le cadre.

• Fabriquer, en les collant, 4 blocs a de 7 bandes de 8 cm chacun, et 4 blocs b de 10 bandes de 6,5 cm chacun **(photo 1)**.

• Coller à 45°, aux angles de la fenêtre, les 4 blocs a **(photo 2)**.

• Retourner le cadre.

• Avec le gros cutter muni d'une lame neuve, couper doucement les bandes qui dépassent du cadre en maintenant fermement celui-ci **(photo 3)**.

• Maintenir l'équerre fermement sur l'endroit du cadre, puis couper, avec le gros cutter, les bandes qui dépassent des 4 carrés b d'angle **(photo 4)**.

• Coller les blocs a sur le cadre entre chaque carré d'angle **(photo 5)**.

• Coller le cadre sur le fond **(photo 6)**.

• Glisser la vitre entre le fond et le cadre.

Cadre Cachemire

1

Le cadre (schéma 2)

- 1 rectangle (0,4) de 27 x 33 cm comportant le tracé du plan, évidé au centre d'une fenêtre rectangulaire de 21 x 15 cm.

La décoration

- 8 rectangles (0,4), biseautés aux angles à 45° :
2 rectangles a de 33,8 x 2 cm
2 rectangles b de 27,8 x 2 cm
2 rectangles c de 15 x 2 cm
2 rectangles d de 21 x 2 cm.
- Des bandes (c.o.) de 50 x 1,5 cm.

Le matériel nécessaire

carton brun (0,4) : 60 x 35 cm
carton (c.o) : 100 x 15 cm
(1 // aux cannelures)
1 accroche pour cadre
1 vitre de 30 x 24 cm

le matériel de base

Le découpage

Le fond (schéma 1)

- 1 rectangle A (0,4) de 27 x 33 cm, échancré d'un triangle.
- 3 bandes :

  1 bande B (0,4) de 27 x 3 cm
  2 bandes B' (0,4) de 30 x 1,2 cm

Le montage

- Placer l'accroche à l'arrière ou au travers du fond A.
- Coller les bandes B et B' sur le rectangle A.
- Coller les rectangles a et b autour du cadre, et les rectangles c et d à l'intérieur de la fenêtre **(photo 1)**.
- Coller les bandes (c.o.) sur le cadre en suivant

schéma 1

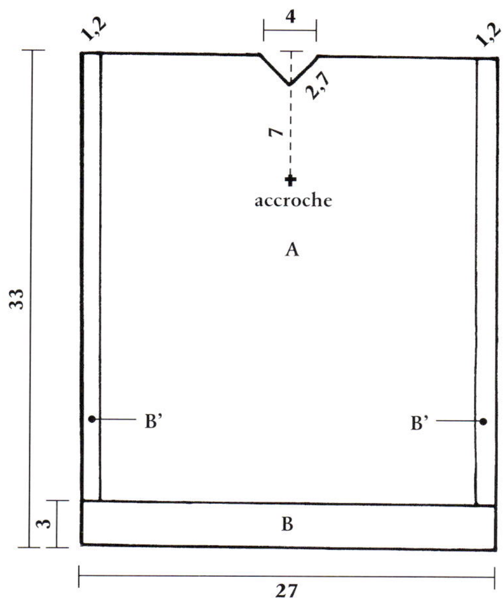

schéma 2

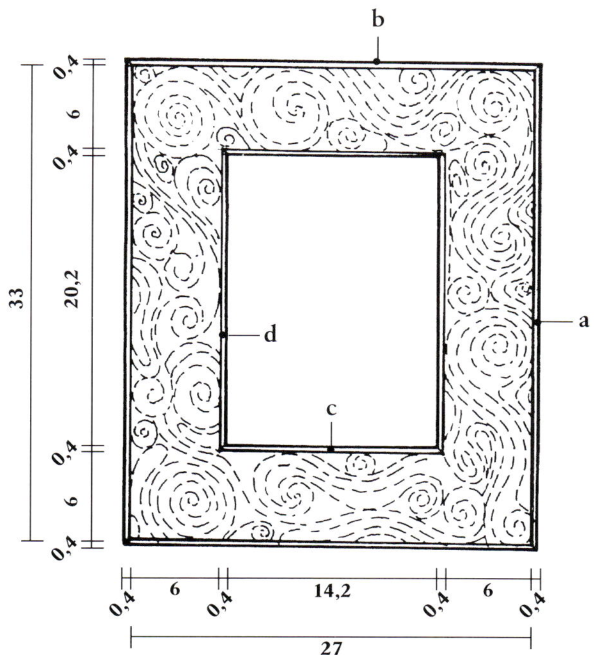

2

3

4

approximativement les tracés principaux du dessin.

• Coller des bandes coupées selon le besoin sur les détails du tracé.

• Préparer les spirales, puis les coller sur le cadre **(photos 2 et 3)**.

• Coller le cadre sur le fond **(photo 4)**.

• Glisser la vitre entre le fond et le cadre.

Petit cadre marqueté

schéma 1

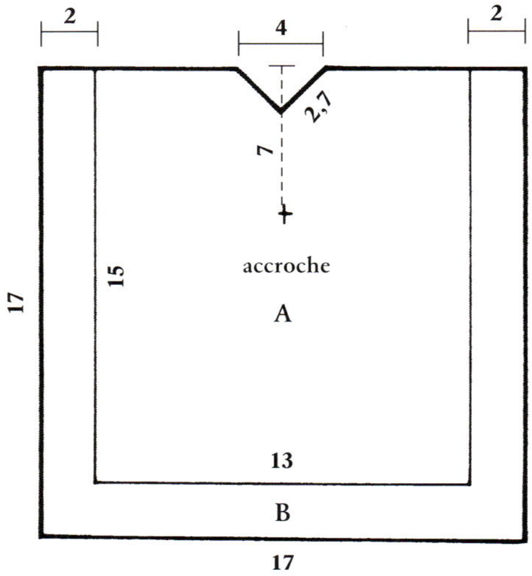

Le matériel nécessaire

carton brun (0,4) : 35 x 35 cm
carton blanc (0,6) : 17 x 17 cm
1 accroche pour cadre
1 vitre de 13 x 13 cm
1 pince à épiler

le matériel de base

Le découpage

Le fond (schéma 1)

- 1 carré A (0,4) de 17 x 17 cm, échancré d'un triangle.
- 1 carré B (0,4) de 17 x 17 cm, évidé sur trois côtés d'un rectangle de 13 x 15 cm.

schéma 2

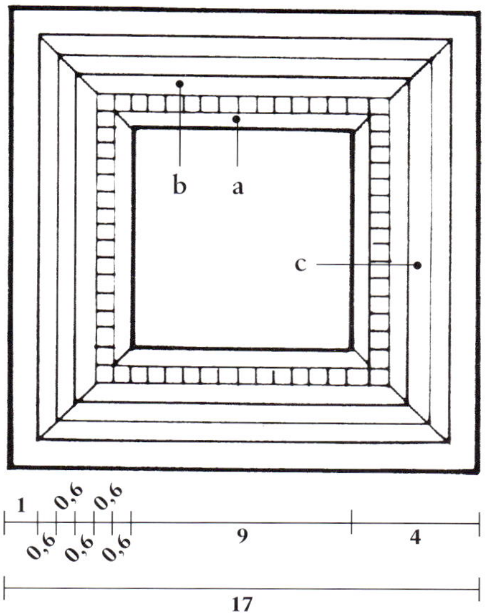

2

3

Le cadre (schéma 2)

- 1 carré (0,4) de 17 x 17 cm, comportant le tracé du plan, évidé au centre d'une fenêtre carrée de 9 x 9 cm.

La décoration

- 4 bandes a (0,6) de 10 x 0,6 cm, coupées aux angles à 45°.
- 4 bandes b (0,6) de 13 x 0,6 cm (l // aux cannelures), coupées aux angles à 45°.
- 8 bandes c (0,6) de 15,5 x 0,6 cm (l ⊥ aux cannelures).
- 68 petits morceaux (0,6) de 0,6 x 0,6 cm.

Le montage

- Placer l'accroche à l'arrière ou au travers du fond A.
- Coller le carré B sur le carré A.
- Coller les bandes a autour de la fenêtre du cadre (faces blanches vers le centre).

1

- Coller les bandes b à 0,6 cm tout autour des bandes a **(photo 1)**.
- Fabriquer 4 blocs de 2 bandes c chacun.
- Coller un bloc par côté, en coupant au fur et à mesure les angles à 45°, avec le cutter **(photos 2 et 3)**.
- A l'aide de la pince à épiler, coller les petits morceaux entre les bandes a et b, en alternant le sens des pliures **(photos 4 et 5)**.
- Glisser la vitre entre le fond et le cadre.

4

5

MIROIR EN GRADINS

LE DÉCOUPAGE
(Schéma)

Le fond

- 1 carré A (0,4) de 32 x 32 cm.

Le cadre

- 4 bandes (0,6) a de 23,1 x 1,4 cm.
- 4 bandes b de 24,4 x 2 cm.
- 4 bandes c de 25,8 x 2,6 cm.
- 4 bandes d de 27,2 x 3,2 cm.
- 4 bandes e de 28,6 x 3,8 cm.
- 4 bandes f de 30 x 4,4 cm.
- 4 bandes g de 31,4 x 5 cm.

1

LE MATÉRIEL NÉCESSAIRE

carton brun (0,4) : 32 x 32 cm
carton blanc (0,6) : 60 x 60 cm
1 miroir carré adhésif de 22,5 x 22,5 cm
1 accroche pour cadre

le matériel de base

LE MONTAGE

- Poser l'accroche à l'arrière ou au travers du fond A.
- Tracer l'emplacement du miroir, puis coller autour, sur la tranche, les bandes a (face blanche vers le centre du cadre), puis les bandes b et c **(photos 1 et détail photo 2)**.

2

3

4

• Continuer avec les bandes d, e, f et g **(photos 3 et 4)**.

• Coller le miroir au centre du cadre.

• Facultatif : pour agrandir le cadre, découper un carré (0,6) de 44 x 44 cm, évidé d'un carré de 32 x 32 cm. Le coller autour des bandes g **(photo 5)**.

schéma

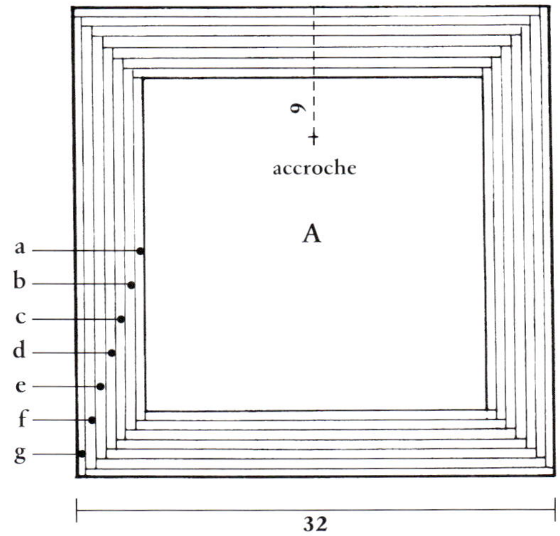

5

Miroir Vauban

schéma 1

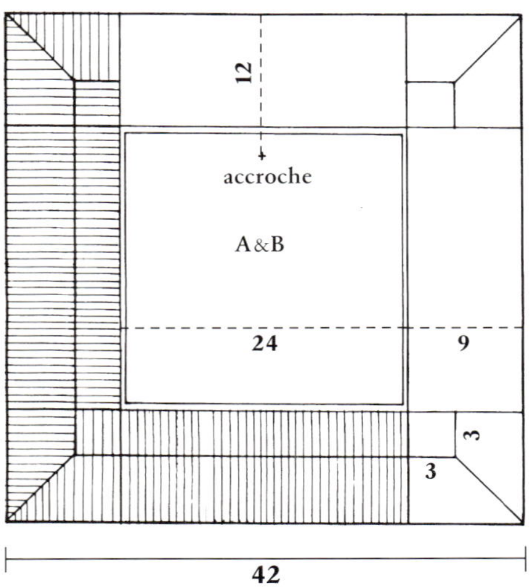

schéma 2

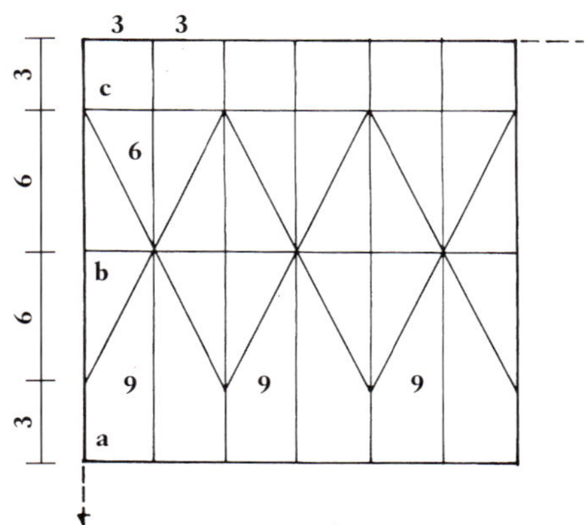

schéma 3

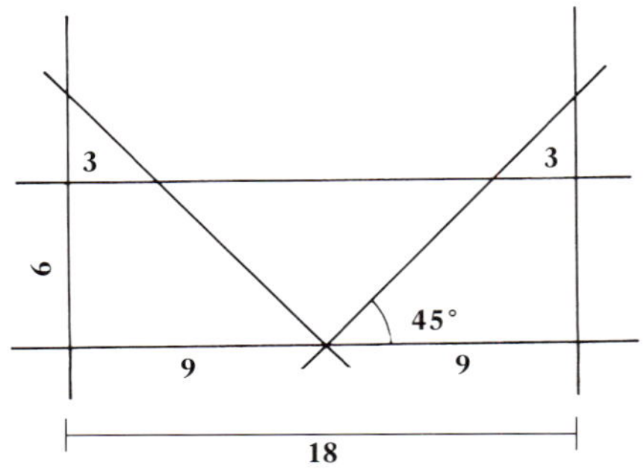

1

2

3

4

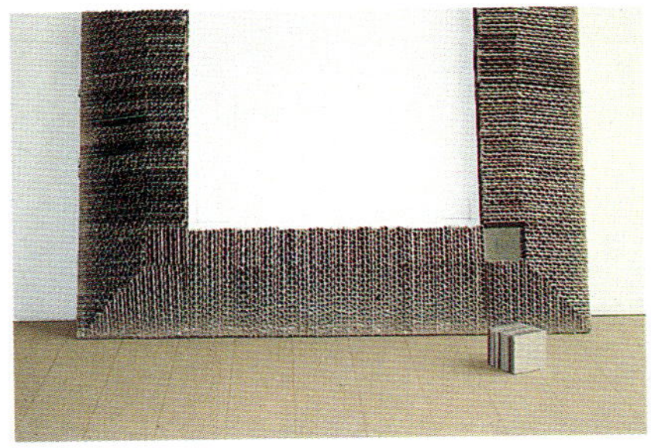

5

6

Le matériel nécessaire

carton brun (0,4) : 42 x 42 cm
carton blanc (0,6) : 80 x 80 cm
1 feuille de papier
1 miroir adhésif carré de 22,5 x 22,5 cm
1 accroche pour cadre

le matériel de base

Le découpage

(schéma 1)

Le fond

- 1 carré A (0,4) de 42 x 42 cm.
- 2 carrés B (0,6) de 24 x 24 cm.

Le cadre

- Tracer, selon le schéma 2, les profils, triangles, et carrés a, b, c :

  148 profils a (0,6)
  108 triangles b (0,6)
  20 carrés c (0,6).

Le montage

- Placer l'accroche à l'arrière ou au travers du fond A.
- Dessiner l'emplacement des carrés B sur le fond A.
- Coller les carrés B l'un sur l'autre, puis sur le fond A.
- Fabriquer, en les collant, 4 blocs de 37 profils chacun **(photo 1)**.
- Coller les blocs autour de B.
- Fabriquer, en les collant, 4 blocs de 27 triangles chacun **(photo 2)**.
- Reproduire le schéma 2 sur une feuille, placer un bloc de triangles sur le schéma.
- Maintenir fermement ce bloc et, avec un gros cutter, couper en biais, à 45°, 2 parties du bloc.
- Faire la même opération avec les 4 blocs **(photo 3)**.
- Fermer les 4 coins du cadre en collant 2 parties coupées à 45° sur chaque angle **(photo 4)**.
- Fabriquer, en les collant, 4 cubes de 5 carrés chacun.
- Coller les 4 cubes à l'intérieur de chaque angle **(photos 5 et 6)**.
- Coller le miroir au centre du cadre.

PETIT CADRE À FENÊTRE RONDE

LE DÉCOUPAGE

Le fond (schéma 1)

- 1 carré A (0,4) de 15 x 15 cm échancré d'un triangle.
- 1 carré B (0,4) de 15 x 15 cm évidé sur 3 côtés d'un rectangle de 13 x 14 cm.

Le cadre (schéma 2)

- 1 carré (0,4) de 15 x 15 cm, comportant le tracé du plan, évidé au centre d'une fenêtre ronde de 8,5 cm de Ø.

La décoration

- 22 bandes (0,6) de 15 x 0,6 cm.
- 1 bande (c.o.) de 27 x 2 cm.
- 1 carré (0,6) de 17 x 17 cm évidé d'un carré de 15 x 15 cm.

LE MATÉRIEL NÉCESSAIRE

carton brun (0,4) : 35 x 35 cm
carton blanc (0,6) : 20 x 20 cm
carton (c.o.) 27 x 2 cm
(1 // aux cannelures)
1 accroche pour cadre
1 vitre de 13 x 13 cm

le matériel de base

LE MONTAGE

- Placer l'accroche à l'arrière ou au travers du fond A.
- Coller le carré B sur le carré A.
- Coller les 22 bandes entre elles et sur le cadre (faces blanches contre faces blanches) **(photo 1)**.
- Avec un petit cutter muni d'une lame neuve, découper doucement les bandes autour de la fenêtre ronde en maintenant fermement le cadre.

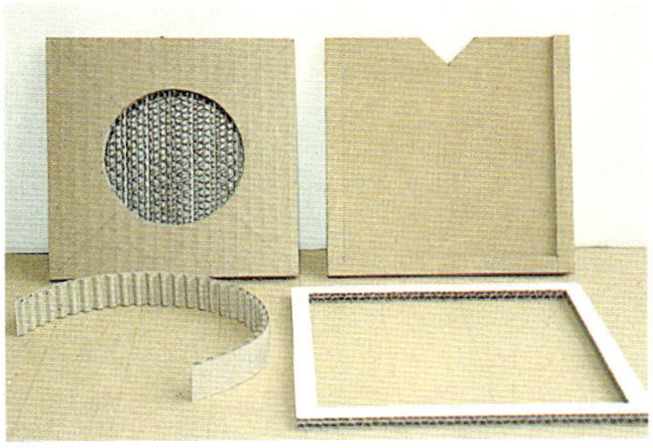

1

2

3

- Coller la bande (c.o.) sur le bord intérieur de la fenêtre (cannelures vers le centre) **(photo 2)**.
- Coller le cadre sur le fond.
- Coller le carré blanc autour du cadre **(photo 3)**.
- Glisser la vitre entre le fond et le cadre.

schéma 1

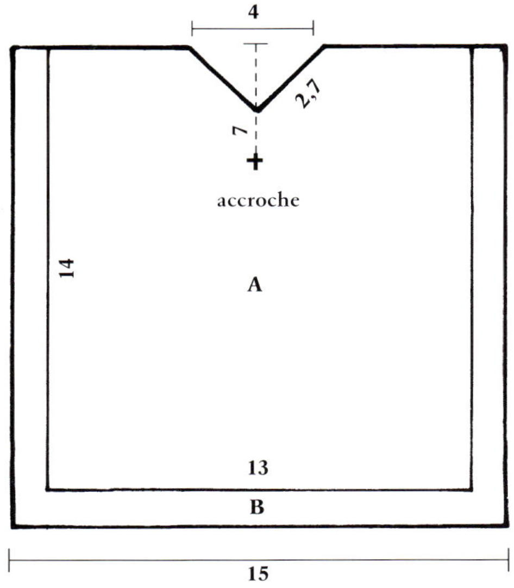

schéma 2

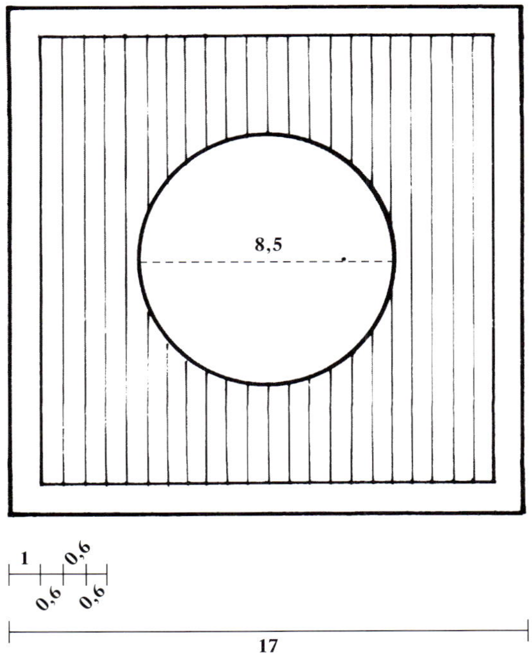

Miroir africain

Le matériel nécessaire

carton blanc (0,6) : 42 x 68 cm
1 miroir adhésif carré de 30 x 30 cm
1 accroche pour cadre

le matériel de base

Le découpage
(schémas 1 et 2)

Le fond

- 1 carré A (0,6) de 42 x 42 cm, comportant le tracé du plan du cadre.

Le cadre

- 192 bandes (0,6) de 6 x 0,6 cm.
- 12 bandes (0,6) a de 4,8 x 0,6 cm.
- 12 bandes (0,6) b de 4,2 x 0,6 cm.
- 12 bandes (0,6) c de 2,8 x 0,6 cm.
- 16 bandes (0,6) d de 2,2 x 0,6 cm.

schéma 1

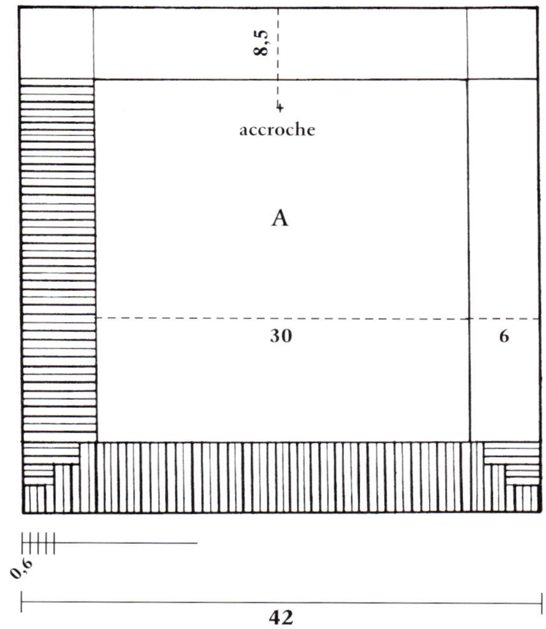

schéma 2

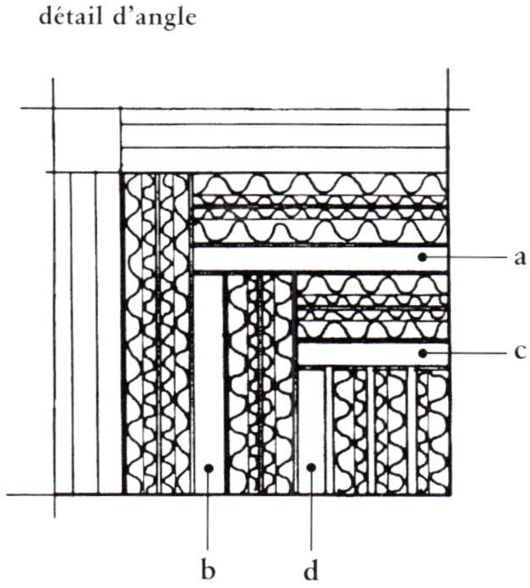

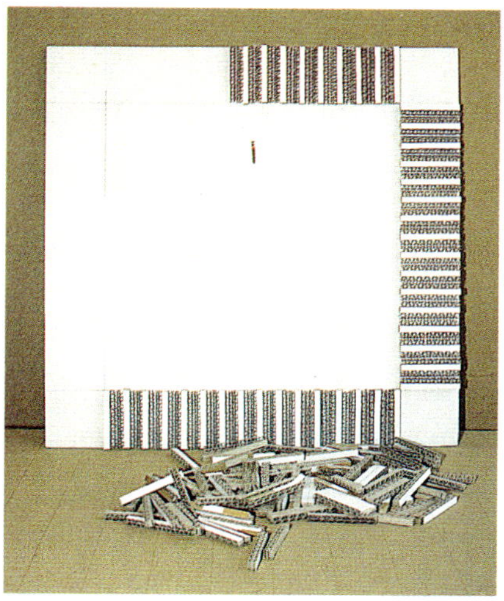

1

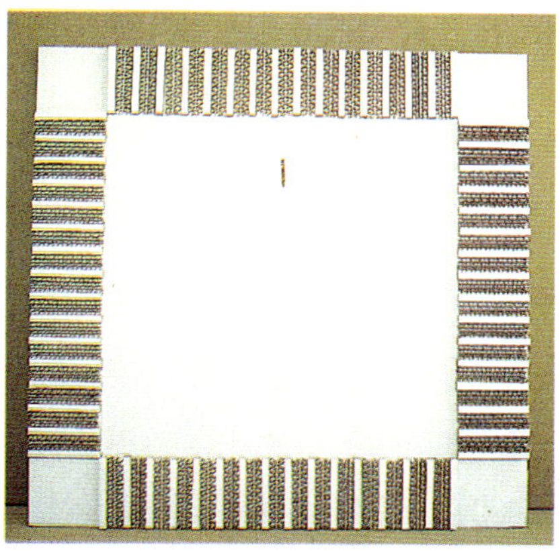

2

3

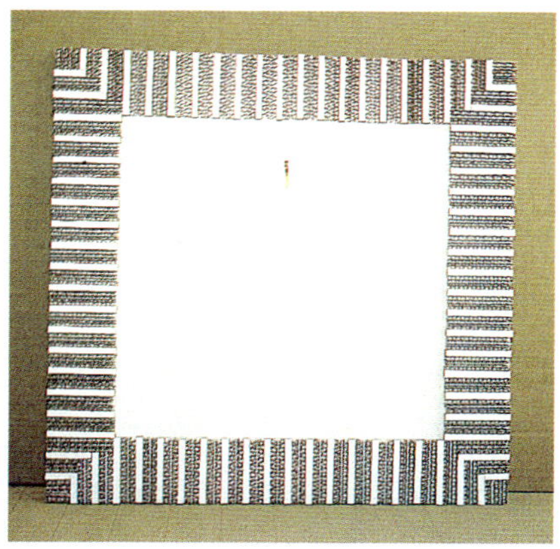

4

Le montage

• Placer l'accroche à l'arrière ou au travers du fond A.

• Coller, en alternant, 2 bandes sur la tranche (faces blanches l'une contre l'autre), et une bande sur la face blanche) : 46 bandes sur chaque côté du fond A **(photos 1 et 2)**.

• Composer les 4 angles comme l'indiquent le dessin et les photos **(photos 3 et 4)**.

• Coller le miroir au centre du cadre.

CADRE EN DAMIER

schéma 1

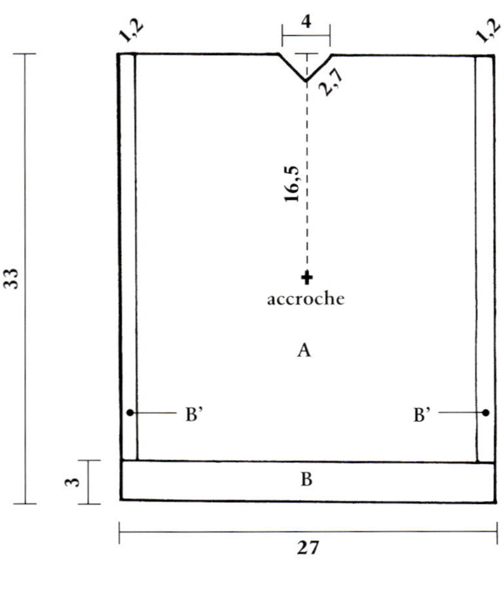

schéma 2

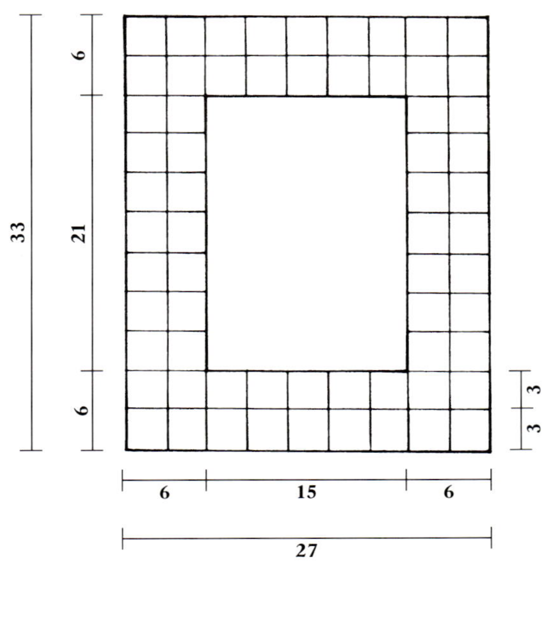

1

2

Le matériel nécessaire

carton brun (0,4) : 60 x 35 cm
carton blanc (0,6) : 33 x 27 cm
1 accroche pour cadre
1 vitre de 30 x 24 cm

le matériel de base

3

4

Le découpage

Le fond (schéma 1)

- 1 rectangle A (0,4) de 27 x 33 cm échancré d'un triangle.
- 3 bandes :

  1 bande B (0,4) de 27 x 3 cm
  2 bandes B' (0,4) de 30 x 1,2 cm.

Le cadre (schéma 2)

- 1 rectangle (0,4) de 27 x 33 cm comportant le tracé du plan, évidé au centre d'une fenêtre rectangulaire de 15 x 21 cm.

La décoration

- 32 carrés (0,6) de 3 x 3 cm.
- 128 bandes (0,6) de 3 x 0,6 cm.

Le montage

- Placer l'accroche à l'arrière ou au travers du fond A.
- Coller les 3 bandes B et B' sur le rectangle A.
- Coller le cadre sur le fond.
- Coller les carrés blancs sur le damier **(photos 1 et 2)**.
- Remplir chaque case restante du damier de 4 bandes placées sur la tranche **(photos 3 et 4)**.
- Glisser la vitre entre le fond et le cadre.